·名家讲堂·

十五堂中国儒学课

周桂钿 著

北京师范大学出版集团
BEIJING NORMAL UNIVERSITY PUBLISHING GROUP
北京师范大学出版社

图书在版编目(CIP)数据

十五堂中国儒学课／周桂钿著. —北京：北京师范大学出版社，2014.1
（名家讲堂）
ISBN 978-7-303-16671-8

Ⅰ. ①十… Ⅱ. ①周… Ⅲ. ①儒学—研究—中国 Ⅳ. ①B222.05

中国版本图书馆 CIP 数据核字(2013)第 136802 号

营销中心电话　010-58805072　58807651
京师心悦读微博　http://weibo.com/bjsfpub

SHIWUTANG ZHONGGUO RUXUEKE
出版发行：北京师范大学出版社 www.bnup.com
北京新街口外大街 19 号
邮政编码：100875
印　　刷：北京市易丰印刷有限责任公司
经　　销：全国新华书店
开　　本：148 mm×210 mm
印　　张：9
字　　数：205 千字
版　　次：2014 年 1 月第 1 版
印　　次：2014 年 1 月第 1 次印刷
定　　价：38.00 元

策划编辑：谢雯萍　　责任编辑：谢雯萍
美术编辑：袁　麟　　装帧设计：红杉林文化
责任校对：李　菡　　责任印制：陈　涛
营销编辑：张雅哲　　zhangyz@bnupg.com

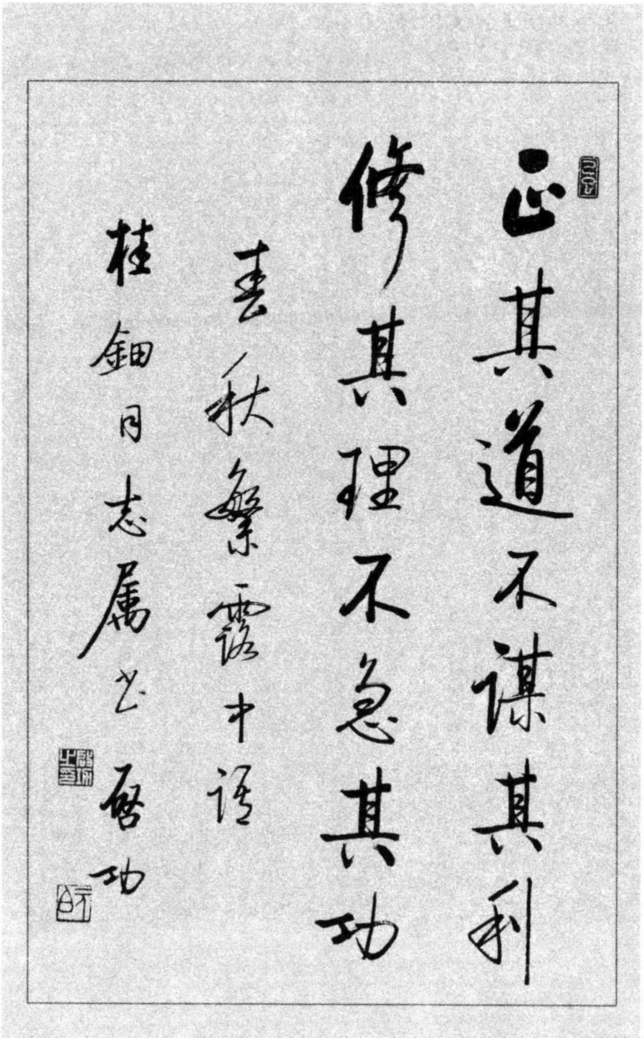
正其道不谋其利
修其理不急其功
春秋繁露中语
桂鈿同志属
启功

总序

在“文化大革命”前，我考上了大学，学的是马克思主义哲学。“文化大革命”以后，我改学中国哲学。35 岁考上中国社会科学院研究生院，导师是钟肇鹏先生。38 岁毕业到北京师范大学哲学系，从事中国哲学的研究与教学。从此确立了自己的职业与事业，也算是“三十而立”吧。

我先从《论衡》入手，用学马克思主义时学到的方法，研究王充哲学。我同意学术界的观点，认为王充是唯物主义哲学家，不同的是学术界普遍认为王充是气(或元气)一元论者。我认为气和元气都是天地派生的，而天地又是无始无终的，应归结为“天地本原论”。对王充的天论，我结合汉代天文学作了一些研究。在陈遵妫先生的指导下，我研究了一些中国天文学史的问题。以后出版《天地奥秘的探索历程》和《中国古人论天》，都与此有关。

由于与王充的关联，我开始研究董仲舒哲学，受到美国王安研究院的资助，集中精力研究，发现董仲舒讲天人感应，不是讲神学目的论，而是借天讲政治，是政治哲学。徐复观先生在《中国艺术精神》中认为庄子的道就是艺术精神。因此，庄子哲学就可以认为是艺术哲学。同时，我将王充哲学定为求真的科学哲学。于是，董仲舒哲学就是求善的政治哲学。我用此三分法取代原有的两个对子(唯物论与唯心论，形而上学与辩证法)。班固《汉书》中称董仲舒为群儒首，为儒者宗，是汉代儒家的代表。他上承孔子，下启朱熹，是中国历史上三大儒家之一。

我从董仲舒哲学研究转入儒学研究，特别重视儒学治国平天下的政治哲学的研究。出版《中国传统政治哲学》、《中国儒学》，并参加国际儒学联合会工作，任学术委员会主任。

中华文化是丰富多彩的，儒学不是一枝独秀，而是百花园中突出的一枝。特别是董仲舒和先秦诸子百家，重新建构汉代新儒学，于是有“始推阴阳，为儒者宗”的说法。朱熹则融会儒、释、道，建构宋代新儒学——理学。由此可见，一时代的思想大家，必定是已有思想的集大成者。

中国追求真、善、美的智慧，《四库全书》中的经史、子、集，都包括在国学之内。国学最突出的是政治智慧。这种智慧是哲学家、政治家和史学家合作的结晶。政治哲学以社会历史为试验室，政治兴衰成败的前因后果都保存在历史中。中国有数千年连续不断的历史，是世界罕见的文化瑰宝。中国的重史传统与政治智慧是合二为一的，就在国学当中。中国哲学、中国儒学和中国国学犹如大海，其中有无数珍宝，我这里只是一勺海水而已。从这一勺也许可以品味到一点中华文化的特殊性，或者能为中华文化的复兴产生微薄的正能量。

我年过七旬，思考哲学问题已经有半个世纪。我的体会，实事求是，是哲学的生命线。求是，就是追求真、善、美。从世界历史的宏观角度，考察理论问题，作出自己的判断，目的在于求是。如果有别的目的，就像医生看病那样，本来要坚持救死扶伤治病救人才是白衣天使的圣洁使命，如果为了谋取不义之财，将患者的健康和生命当作敲诈的工具，那就失去圣洁，成为无耻之徒。方法是精神决定的，精神扭曲了，方法也就会出偏差。作为医生，不以治病疗效看水平，而以发表论文为标准，就会出现虚假数据和抄袭现象，有悖于职业道德。我的恩师钟肇鹏先生以“求是”名斋，所出版论文集，题为《求是斋丛稿》。中国传统的“是”包含真、善、美，方指正确的方向和方法。我于七十岁生日写下治学感言：

财金双刃剑，名位一缕光。

求是终无悔，读书始有方。

周桂钿

2013年4月于三枣红楼

引言

儒学是中华文化的主干和基础。中国读书人都知道儒学、孔孟之道。即使是文盲、不读书的人，也知道孝道、敬老爱幼。

儒学是开放的体系，孔子吸收了以前的各种思想成果，融会成儒学体系，被称为“集大成者”。

汉代董仲舒也是集大成者，他将先秦诸子百家的优秀成果融合成汉代新儒学。宋代朱熹则将争论数百年的儒、释、道三教的精神汇成新儒学，即理学。儒学在历代儒家的努力下，不断发展，与时俱进，在世界文明史有巨大贡献和影响，受到东洋、西洋思想家的高度评价。

近代中国落后挨打，文化也受到牵连。外国贬斥中国文化，中国人也看不起中国文化。开始国人出于爱国心，探索中国落后的原因，是可以理解的。几十年以后，情况逐渐清晰，有些人仍然瞧不起中国文化，就需要加以纠正、辩驳，以便正本清源。这需要摆脱西方文化模式的束缚，抛弃殖民地意识，彻底消除崇洋媚外，恢复实事求是，同时要防止经济崛起以后再回到过去认为夷狄事事不如中国的旧观念。

儒学的现代意义主要在于和而不同。中国在落后时不屈服于强权，崛起强大了，仍以平等的态度对待大小国家，始终作为正义和平等力量立于世界民族之林。中国有了原子弹以后，率先承诺不首先使用核武器，其他所有拥有原子弹的国家都没有这种承诺。中国在国内制度上实行协商民主，做到保护少数，照顾弱者，比投票民主，有更深刻的优越性。

儒学是世界文化瑰宝，也是中国对世界做出的巨大贡献。中国人正在复兴中华文化，建设小康社会，还将为实现“大同”创造条件。

目录

第一课 儒学概况 /1

1. 儒・儒家・儒学・儒教 /2

2. 儒家经典 /10

3. 著名儒家代表及学派 /13

4. 儒学的基本精神 /14

5. 儒家重要遗址 /16

6. 关于孔子标准像 /18

第二课 先秦儒家：孔子、孟子与荀子 /21

1. 孔子生平 /22

2. 孔子的贡献 /23

3. 孔子的影响 /25

4. 孟子的生平和思想 /27

5. 荀子的生平与思想 /32

第三课 秦朝焚书坑儒 /41
1. 先秦儒家的独立精神 /42
2. 中央集权制度的建立 /46
3. 焚书坑儒 /49

第四课 汉朝独尊儒术 /53
1. 儒学创新，服务政治 /54
2. 从《史记》看汉朝的独尊儒术 /60
3. 从人才选用看汉朝的独尊儒术 /63

第五课 汉代儒者宗师董仲舒 /67
1. 唯董仲舒明于《春秋公羊学》/68
2. 天人三策，董学标志 /71
3. 大一统论与凝聚力 /81
4. 承前启后，继往开来 /86

第六课 汉唐经学 /87
1. 经学是独尊儒术的结果 /88
2. 五经简介 /89
3. 汉代经学 /93
4. 纬　书 /97

5. 唐代经学 /98

第七课 两宋理学 /103

1. 二程"天理" /105

2. 朱熹理学 /107

第八课 宋明心学 /119

1. 陆九渊心学 /120

2. 阳明学 /125

第九课 儒家谈孝德 /131

1. 孝出于报答养育之恩 /132

2.《孝经》的内容与孝的意义 /133

3. 对应原则与孝的误解 /134

4. 孝在中国历史上的影响 /139

5. 现代的孝德分析评价 /144

6. 关于孝的两大争议 /146

第十课 儒家谈礼 /151

1. 礼与乐 /152

2. 礼治与刑政 /155

第十一课　儒家谈教化 /159
1. 教化为治国大务 /161
2. 太学为教化本原 /165
3. 人性是教化的根据 /167
4. 儒术是教化的原则 /170
5. 儒术的主要内容 /173
6. 学习的态度与方法 /175
7. 教　师 /178

第十二课　儒学与人的和谐发展 /181
1. 经济上的调均思想 /182
2. 政治上的仁义原则 /184
3. 精神上的和谐观念 /185
4. 和谐社会应该无差别吗 /192

第十三课　批判儒学以后的反思 /199
1. 儒学妨碍经济发展吗 /200
2. 儒学妨碍科技进步吗 /204
3. 儒学违背社会文明吗 /208
4. 儒学是否过时了 /211

第十四课 当代儒学与中国政治 /215

1. 儒学不是一阵风 /216

2. 儒学就像一江水 /219

3. 儒学滋润政治神经 /225

第十五课 儒学现代化 /239

1. 什么是现代化 /240

2. 儒学已经现代化 /244

3. 儒学需要继续现代化 /246

4. 新儒家——以徐复观为例 /250

第一课　儒学概况

春秋战国时代，天下大乱，为了救世，思想家各自提出不同的政治主张，自由争鸣，形成百家(主要是儒家、道家、墨家、法家、阴阳家、纵横家、名家、商家、兵家、农家、医家)。儒家是其中的一家。

1. 儒·儒家·儒学·儒教

儒家为什么称“儒”家？儒是什么意思？何时有儒这个名称？

这些是长期有争议的问题。

《论语·雍也》载：孔子对子夏说：“女为君子儒，无为小人儒。”这里只能说有“君子儒”，也有“小人儒”，并没有明确说儒是什么。《墨子》一书有《非儒》篇，讲了儒者的观点“亲亲有术，尊贤有等”，也没有给儒下定义。

战国时代谈儒甚多，却无名儒的说法。庄子概括儒家思想为“内圣外王”。《荀子》一书有《儒效》篇，讲的是大儒的社会价值。

《史记·太史公自序》中引司马谈《论六家要旨》，讲儒家的特点，并没有给儒进行界定。班固在《汉书·艺文志》载：“儒家者流，盖出于司徒之官，助人君顺阴阳、明教化者也。”儒家的源头是司徒官。司徒官就是帮助君王“顺阴阳、明教化”的。什么是“顺阴阳”？就是上文提到的“亲亲有术，尊贤有等”，这实际上就是礼制。“明教化”，就是宣传礼制，进行教化，简称“礼教”。《说文解字》载：“儒，柔也，术士之称。从人，需声。”儒有柔的意思。

主张礼治，相对于法治，表现出来的特点是柔。熟悉礼数，主持礼仪，主张礼治，成为儒的特点。因为主持礼仪的人相当于司仪，又称相礼，后来又称为术士。古代“刑不上大夫，礼不下庶人”。孔子出身于贵族，熟悉礼，却没有贵族的地位，他将礼向庶人传播，进行礼的教化。以孔子为代表的这一学派就被称为儒者。儒者成为专家，就叫儒家。

儒学流行甚广，影响较大，被称为“显学”。到汉代独尊儒术以后，儒家著作被视为经典。深入研究经典形成一门特殊的学问，就是经学。

关于儒的释义，后代儒家有许多说法，近现代也有许多名家展开争论，莫衷一是。深入分析，基本上大同小异。都是利用相同的资料，得不出相距太远的观点。

儒家的主张，就是儒学。用儒学来进行教化，就是儒教。佛教于两汉之际传入中国以后，中国本土产生了以老子为教主的道教，形成儒、释(佛教)、道三教争立的局面，一直延续到盛唐时代。唐以后仍然有三教的说法，宋以后儒教占了上风，且居于独尊的地位。

到了近代，西学涌入中国，有了宗教的说法。一些学者认为佛教与道教是宗教，儒学不是宗教，儒教是教化的教，不是宗教的教。日本、韩国的学者也曾这样认为。但是，在印尼、菲律宾、马来西亚等一些国家，儒教是与其他宗教并列的，没有什么区别。近代有些学者提倡将儒教作为国教，以孔子为教主。现代也还有人主张以儒教为国教，那只是少数人的说法。关于儒学是不是宗教的问题，与如何定义宗教有关系。如果按基督教的模式来衡量儒学，儒学当然还不够格入宗教。如果从其他角度来讨论，儒学也可以说是中国特色的宗教。

儒学创始人是孔子。孔子名丘，字仲尼，鲁国人。他主张以仁义之道改善社会状况，变乱为治。他带着弟子周游列国，企图说服诸侯实行他的主张，结果无人接受。孔子离开鲁国十四年，最后回到鲁国，整理传统文化，经过综合创新，形成以仁义为核心的儒学思想体系。孔子虽然自称“述而不作”，实际上是大创作。

孔子死后，其弟子各自创立学派，“儒分为八”，各派之间也有矛盾，儒家的实力明显降低。到了战国时代，“杨朱、墨翟之言盈天下。天下之言，不归杨则归墨”(《孟子·滕文公下》)。杨朱学说与墨翟学说成为当时的显学，孔子的儒学被边缘化了，受到社会的冷落。战国中期出现一个大儒孟子，《史记》说他受业于子思(孔子之孙孔伋)。史上有“孟轲师子思”的说法，据考证，年代不符，子思年长孟子一百一十多岁，因此他们不可能亲相授受。孟子奋起，批判杨、墨，捍卫儒道，弘扬儒学，振兴儒家。他还将孔子仁的思想贯穿于政治，提出仁政理论体系，发展孔子为政以德的思想，倡导民贵君轻，强调人性善，重视人性自觉、自律。孟子因此被后儒奉为“亚圣”。

荀子针对孟子的性善论，提出性恶论，针对自律，强调他律，主张隆礼重法，用礼的教化和法的惩罚来约束人的行为。他的学生李斯与韩非在动乱时代，强调法治，帮助秦统一天下，成为战国后期法家的代表人物。

孔子创立儒家学派，历代儒家不断地根据时代的需要积极发展儒学。孟子从自身心性修养方面发展了儒学，荀子从礼教与法治方面发展了儒学。儒学是发展的、开放的、动态的，是众多儒家共同努力的结晶，是中国传统文化的重要内容。

庄子概括儒学为“内圣外王”，孟子强调“内圣”，荀子重视“外王”。《大学》中的八条目：格物、致知、诚意、正心、修身、齐家、治国、平天下，前五项都是内圣的修养过程，后三项是外王的内容。修身是为了治国、平天下。修身是起点，外王是目标。修身是伦理道德的话，平天下就是政治。从理论上说，伦理是为政治服务的，因此，儒学的主要内容是政治哲学，与政治关系密切，因此才受到历代统治者的重视。从焚书坑儒到独尊儒术，从宋明理学到五四新文化运动的批孔，都是与政治形势密切关联的具有合理性的过程。儒家寻求与政治家结盟，也说明儒家哲学是政治哲学。

儒学是否就是儒教？这个问题中国学术界讨论了许多年，没有形成共识。多数人反对儒教说。问题出在哪儿？问题在于如何定义儒学与儒教，或者说在于如何定义哲学与宗教。对于什么是哲学，什么是宗教，是按一般的理解，还是根据西方观念来定义？我以为，按西方的观念来定义，是以偏概全，多有不妥。例如什么是餐具？什么是乐器？按西方的标准，中国的筷子不是餐具，中国的笛子不是乐器。按西方的标准，蓝眼睛白皮肤黄头发的是人，黑眼睛黄皮肤黑头发的就不标准。同样道理，按西方的标准，中国没有哲学，有，也都是唯心主义的，是落后的、错误的。按西方基督教的标准，中国儒家不信上帝，就不是宗教，甚至在西方看来，中国没有真正的纯粹的信仰。这是殖民地意识。这种意识产生于中国落后挨打之后。按这种意识，中国事事不如西方，民族自信心难以建立。我们如果摆脱西方观念的束缚，解放思想，重新考察这些问题，那就可能会有新的发现。

(1)转变观念，重新分析中西哲学的差异。

有的哲学家认为，对于人生最切要的问题进行理论研究，这门学问就是哲学。对于什么是人生切要的问题，有不同的看法，那么对哲学也会有不同的分类。我以为人生最切要的问题是真、善、美。那么就可以把哲学分为求真的哲学、求善的哲学和求美的哲学。求真的哲学是科学哲学，求善的哲学是政治哲学与宗教哲学，求美的哲学是艺术哲学。

西方传统的哲学，主流是求真的科学哲学。科学哲学研究的是客观世界，最终要探讨宇宙本原的问题，认为宇宙本原是物质性的东西，就是唯物主义，认为宇宙本原是精神性的东西，就是唯心主义。如果认为有两个本原，就是二元论。恩格斯认为这些概念只能用于有关宇宙本原的问题，用到其他地方就会造成思想混乱。恩格斯又说唯物主义哲学家要跟科学家结成联盟。这都说明了西方传统哲学的主流是求真的科学哲学。中国古人不重视探讨宇宙本原问题，因此被认为没有哲学，讲的多是心性问题，又被视为唯心主义。实际上，中国古代许多哲学不探讨宇宙本原，不存在唯心主义与唯物主义。中国古代哲学家产生于春秋乱世，重视的是社会问题，研究乱是怎么产生的，如何消除混乱，建立太平，维持和谐，给人民提供安居乐业的生活环境。这就是求善的政治哲学。求善的政治哲学的核心是民本思想。

总之，西方传统哲学的求真的科学哲学有丰富的思想，值得中国学习，中国传统的求善的政治哲学也有深刻的理论与丰富的经验，可供西方人借鉴。中西方各有所长，可以互补。中国也有求真的哲学，如东汉王充哲学；也有求美的艺术哲学，如先秦的庄子哲学。当然西方也有求善的宗教哲学与求美的艺术哲学。

(2)摆脱西化模式，重新认识中西宗教的不同。

中国有宗教传统，只是与西方不同。人类早期没有宗教是不可理解的。中国最早的原始崇拜就是祖先崇拜，祭祀祖先是在孔子创立儒学之前就存在了。孔子继承了这一传统，作为最根本的道德——孝。再从孝推出仁，以仁为中心发展成儒学思想体系。荀子讲礼有三本：天地者，生之本也。祖先者，类之本也。君师者，治之本也。天地是生命的根本，祖先是人类的根本，师进行礼的教育，君将礼实施于社会，使人际和谐，社会安定，人民获得安居乐业。后来发展成为祭祀的重要对象：天、地、君、亲、师。亲代表祖先到父亲。后人要给天地和祖先上供，每家每户过年过节都有这一礼节。结婚典礼上，新婚夫妇要先拜天地，再拜高堂(父母)、然后夫妻互拜，经过这三拜，最后才入洞房。拜天地拜祖先，就是中国最初的信仰，也就是原始宗教。为了孝的教育，儒家继承了这一传统，强调“孝”要做到：生，事之以礼；死，葬之以礼，祭之以礼。天、地、君、亲、师，也有发展。天地扩大为祭祀山川河流，特别是以祭泰山最为有名。各地也祭祀当地的最高山，形成一个传统。从君扩大为臣，忠勇报国的民族英雄，死后也成为祭祀对象，如诸葛亮等都被作为神来崇拜，有人来祭祀。东汉时代的曹娥是个孝女，在她身上体现了孝的美德，现有豪华的曹娥庙，是进行孝教育的基地。

春秋战国时代，儒学很盛行，被称为“显学”。但那时的儒家只是学术团体，没有宗教性质。汉代独尊儒术以后，历代统治者都以儒学作为行政的指导思想，逐渐形成后代信仰儒家的传统。先在孔子生活的地方建孔子庙，许多皇帝到孔庙祭祀。后来扩大范围，许多地方创办儒学教育机构，有学校或书院，同时建立孔子庙，有的称夫子庙、圣庙、文庙。据孔祥林研究，19世纪，中国有1730座孔子庙，朝鲜有300多座，越南有160座，日本有100多座[1]。中国各地有许多庙，有许多祭祀活动，怎么能说没有信仰，没有宗教呢？特别是天坛、地坛、日坛、月坛等，都是皇帝祭祀的地方。关于信仰，所有人都有信仰，有明的，有暗的。农民种地，希望风调雨顺，也是一种信仰。做买卖经商，希望赚钱顺利，给财神爷烧香，也是一种信仰。商人供着财神爷，也不是没有道理的。只把信仰上帝视为真正的纯粹的信仰，认为其他信仰都不是真正的纯粹的信仰，这是没有道理的，是一种偏见。功利主义、科学主义，也都可以是一种信仰。总之，说中国人没有宗教也没有信仰，显然站不住脚。

(3)儒学与儒教并存。

理清以上思想，改变现在的观念，再来讨论儒学与儒教的问题，就有了思想基础。

哲学讲理性，宗教讲信仰，各不相同，又相互联系。中国传统思想产生于春秋战国时代，儒家就是当时一个影响较大的学术团体，儒学被称为“显学”。当时儒学只是理性的政治哲学，也可以说是政治智慧。汉代独尊儒术以后，儒学更受重视，在两汉之际就产生了迷信儒学的纬书，给孔子与儒学添加进了一些神奇的内容。从那以后，历代当政者都要到孔子庙祭祀孔子，这就产生了信仰儒学的儒教。简单地说，历代书院是传承理性的政治智慧的地方，各地的孔子庙则是出于信仰儒教、祭祀孔子的地方。这就可以明确，儒学是在书院中传承，儒教是在孔子庙中持续，两者并存于世。河北人民

---

① 参见孔祥林编著：《世界孔子庙研究》，北京，中央编译出版社，2011。

出版社出版的《中华大典》中的《宗教典·儒教分典》，一千多万字，六大册，用大量资料说明儒教的成立，应该说这就是对儒教的存在下了定论。谁想否定儒教，也是相当困难的。1993年在美国芝加哥召开世界宗教领袖会议，当时任中国香港中文大学哲学系主任的刘述先先生代表儒教参加会议。大会通过并发表了《世界伦理宣言》，其中收入了孔子的一句话“和而不同”，并给予了很高的评价。联合国承认儒教是世界几大宗教之一。现在，韩国、马来西亚、印尼等国都有儒教。儒教既然得到世界承认，我们如何能否定它的存在呢？经过这些考察，我以为儒教难以否定。儒学与儒教并存于世，可以相互配合，也可以各自发展，不必要求统一。

2. 儒家经典

儒家有经典，经典也有发展变化的过程。最初是“五经”，以后扩大为“十三经”。我们讲儒家经典，狭义的就是指“五经”，广义的是指“十三经”。

五经：《周易》(哲学)、《尚书》(史学)、《诗经》(文学)、《礼记》(伦理)、《春秋》(政治学)。《庄子·天下篇》载：“《诗》以道志，《书》

以道事，《礼》以道行，《乐》以道和，《易》以道阴阳，《春秋》以道名分。”《史记·滑稽列传》载：“《礼》以节人，《乐》以发和，《书》以道事，《诗》以达意，《易》以神化，《春秋》以义。”《周易》讲阴阳、神化，属于哲学；《尚书》道事，记载事情，属于史学；《诗经》道意志，抒发情感，属于文学；《礼》约束行为的规范，属于伦理；《春秋》讲在政治体制中的名分与义，属于政治学。开始只有“五经”，后来扩大为“九经”、“十一经”。到了清代，有阮元编的《十三经注疏》。老子的《道德经》、墨家的《墨经》以及《佛经》和《圣经》，虽然也都称为“经”，却不能算儒家经典。有的书中有孔子及其弟子的言论，也不能算是儒家经典，最多只能算是儒家的子书，包括《荀子》、《大戴礼记》、《说苑》、《新序》等。后代名儒、大儒的著作，如董仲舒的《春秋繁露》、王阳明的《传习录》、黄宗羲的《明夷待访录》，都是在儒学史上有很大影响的著作，历史上没有将它们列入儒家经典。

四书：《大学》(政治哲学)、《中庸》(思维方法)、《论语》、《孟子》。前两者是《礼记》中的两篇文章，被朱熹提出来，与《论语》、《孟子》并列。这“四书”成为南宋以后参加科举考试的必读书。

《大学》中有“大学之道，在明明德，在亲民，在止于至善”，这是三纲领。“格物、致知、诚意、正心、修身、齐家、治国、平天下”，这是八条目。“自天子以至于庶人，一是皆以修身为本。”所有人都以修身为根本。“有诸己而后求诸人，无诸己而后非诸人。”在别人与自己的关系上，自己能做到的，才能要求别人做到；自己没有的毛病，才能批评别人的这种毛病。这就是修身为本的根据，也是当政者必须“以身作则”的理由。“以义为利。”利是好处，义是合理。言行合理，好处大得很。不合理而贪小便宜，必然要吃大亏。为了合理，吃小亏，可能会占大便宜。

朱熹《中庸章句》题注：“子程子曰：不偏之谓中，不易之谓庸。中者天下之正道，庸者天下之定理。此篇乃孔门传授心法，子思恐其久而差也，故笔之于书，以授孟子。其书始言一理，中散为万事，末复合为一理。放之则弥六合，卷之则退藏于密，其味无穷，皆实学也。善读者玩索而有得焉，则终身用之，有不能尽者矣。”“不偏之谓中”——反对片面，反对走极端。“不易之谓庸”——不会改变的是法则。维护公正的法则，是高尚的道德。“中者天下之正道，庸者天下之定理。”“正道”、“定理”，就是“心法”的原则。“心法”——思维方法，即辩证法。以公正法则作为思考的出发点。“始言一理，中散为万事”——一理贯穿一切事物中，这一理就是总规律。后面会讲到“中也者，天下之大本也；和也者，天下之达道也”。这是中和原则，也是中庸原则。孔子认为中庸是非常高尚的道德。

十三经：《周易》、《尚书》、《诗经》、《周礼》、《仪礼》、《礼记》、《春秋左传》、《春秋公羊传》、《春秋穀梁传》、《论语》、《孝经》、《尔雅》、《孟子》。

《春秋左传》保存了大量春秋时代的历史资料。

《春秋公羊传》以一章一句的解释，阐述政治原则。司马迁说：“故汉兴至于五世之间，唯董仲舒名为明于《春秋》，其传公羊氏也。”（《史记·儒林列传》）东汉何休作《公羊解诂》，阐述其中的“微言大义”。

《孝经》以孔子与曾子对话的方式，阐述儒家孝的思想，理论相当系统深刻。孝是中国传统伦理的优长，是中国特殊的传统文化。

《尔雅》是最早解释词义的书。如“初、哉、首、基、肇、祖、元、胎、俶、落、权、舆，始也”，前面这些字都曾用于表示开始。“卬、吾、台、予、朕、身、甫、余、言，我也”，前面这些字都曾用于第一人称。词分五类，有语言类、人文类、建筑器物类、天文地理类和植物动物类。

3. 著名儒家代表及学派

(1)先秦(春秋)：孔子及其学生。

(2)先秦(战国)：子思、孟子、荀子。

(3)汉唐时代：董仲舒与西汉经学、郑玄与东汉经学、孔颖达与唐代经学。

(4)宋代：朱熹与理学，陆九渊与心学。

(5)明代：王阳明与心学。

(6)清代：戴震与考据学、康有为与今文经学。

(7)现代新儒家。

第一代：梁漱溟、熊十力、冯友兰、钱穆。

第二代：牟宗三、徐复观、唐君毅、方东美。

第三代：余英时、杜维明、蔡仁厚、成中英、刘述先。

4. 儒学的基本精神

儒学的基本精神是仁与义，所以称“孔孟之道”，又称“仁义之道”。仁者爱人，义者宜也。

重要道德的概括有以下几个方面：

三达德：智、仁、勇。

五行：仁、义、礼、智、圣。

四善端：仁、义、礼、智。

三纲：君为臣纲、父为子纲、夫为妻纲。

五常：仁、义、礼、智、信。

八德：忠、孝、诚、信、礼、义、廉、耻。

信是五常之一，平时都要遵守。尾生与妇人约好在桥下见面，妇人没来，河里涨水，尾生溺死。这是“信而溺死”，不可贵。这种死守“信”，叫作“凝信”。凝固，不灵活，就是现在说的僵化。假传君令，欺骗三军，是大罪行。但是，秦穆公发兵偷袭郑国，郑国商人弦高到西方去卖牛，在郑国与周都之间的路上碰到秦军，急中生智，假传郑伯的命令，将十二头牛犒劳秦军。秦军退兵，因此保存了郑国。弦高假传君令，欺骗三军，保全郑国，立了大功。孟子说：“夫大人者，言不必信，行不必果，唯义所在。”

礼也是五常之一，是平时要持守的。礼让是美德。孔融四岁能让梨，成为千古佳话。苍吾绕娶妻而美，要让给其兄，这是只知道让是好品德而不知道有些东西是不能让的。苍吾绕的让，可谓“迷让”。模仿英雄人物做好事，做成坏事，或者做成丑事，闹了笑话，却还是常有的事。有的是为了亲情、友情而挪用公款，贪污受贿，以为做了好事，结果，由于犯罪，受到严惩。据《淮南子·氾论训》记载，臣对君要毕恭毕敬，这是礼的要求。但在危急时刻，用脚踢国君的身体，也没有什么不对，“忠之所在，礼不足以难之也”。臣子出于忠君的需要可以暂时不顾礼。儿子对父亲要和颜悦色，这是平时礼的要求。但是，当父亲落水时，儿子可以揪住父亲的头发向岸上拉，也不能说他不孝。这些论述中有比较多的合理性思想与辩证法内容。两千年前的书中就有这些充满辩证法的思想内容，表明中国古代精神文明的程度和理论思维的水平。

仁义是儒学精神的根本，中庸是方法，和是目的，因而可以用“仁义中和”四个字来概括儒学的思想精华。

5. 儒家重要遗址

孔庙：纪念祭祀孔子的地方，位于山东曲阜，主体建筑是大成殿，殿中最大的主神是大圣人孔子。旁边是四配：复圣颜渊、宗圣曾参、述圣子思、亚圣孟子。前两名都是孔子的弟子，子思是孔子的孙子、曾子的弟子，孟子则是子思弟子的弟子，算是后学。圣人包括孔、孟、颜、曾四大家族。殿内两侧排列十二哲，前十一名都是孔子的弟子，最后一位是朱熹，他是宋代大儒。孟子入四配，朱熹入十二哲，他们都是有特殊贡献的儒家。殿前两庑供奉历代儒家，从春秋战国到清代，其中包括荀子、董仲舒、王弼、韩愈、王安石、陆九渊、王阳明、王夫之等历代名儒。

孔庙中孔子是长存的，其他人的地位不断改变。宋代，王安石曾为四配之一。明代，孟子曾经被赶出孔庙，因为他说民贵君轻，朱元璋当皇帝时认为不应供奉他，后来他又被请进去。荀子讲性恶，与孟子性善论对立，也被请出过。

殿前有一排浮雕龙柱，后有青石线雕八棱龙柱，这是北京故宫博物院所没有的。据说皇帝来朝圣时，还要用黄布将龙柱包起来，免得皇帝由“唯我独尊”的心态产生妒忌心理。殿前有一片碑林，是历代皇帝所立，最大的两块石碑都是少数民族入主中原时立的：一块是元代立的，另一块是清代康熙皇帝立的。这也可以说明孔子儒学受到汉族以外民族的崇拜，说明儒学具有包容性，而不是排他的，这就是和而不同。各民族友好相处，才能形成多民族的统一大国，直到现在中国还是继承了这一传统。

孔林：孔子及其子孙后代的墓。孔子死后，他的弟子守墓三年，其中子贡守墓六年。现有子贡守墓的小房，还有他手植的楷木树干。孔子墓前不远，有儿子孔鲤的墓与孙子孔伋(子思)的墓。

孔府：北宋仁宗朝圣时封孔子四十六代孙孔宗愿为“衍圣公”，以后历代相袭，孔府就是历代孔子嫡孙衍圣公的住宅。孔府也称衍圣公府。孔府大门口两边的对联是：“与国咸休安富尊荣公府第，同天并老文章道德圣人家。”“富”字上面没有点，意为富贵无头。“章”字中间一竖向上伸到日中，意为文章通天。

四孟：孟庙(亚圣庙)、孟林、孟府、孟母林。

三孔与颜庙就在曲阜。四孟在孟子的家乡邹县。曾庙在曾子的家乡嘉祥县。这一学派的重要人物多在山东，古代是鲁国。有的称之为邹鲁文化，有的说齐鲁文化。曾庙，又叫宗圣庙，东西两门有“一贯心传”和“三省自治”。正殿是曾宪梓题的“宗圣殿”，里有曾子居中，东有子思坐像，西有孟子坐像。东有配殿“三省堂”，西有配殿内供先贤曾点。曾庙中有万历碑、乾隆曾子赞碑等。总之，山东是儒家文化的重要基地。

全国有许多孔庙和文庙，重要的有浙江衢州南宗孔氏家庙，泉州孔庙及德阳孔庙。我国台湾每一县都有孔庙或文庙，2006 年参加祭孔的有台北孔庙与台南孔庙。日本、韩国也有许多孔庙。我参观日本孔庙时，发现庙不大，非常干净，进门要脱鞋。韩国孔庙也不大，但是很肃穆，有的韩国教授进门就下拜，五体投地。研究孔庙，可以形成孔庙学。还有一个文昌帝君，不是孔子，而是四川一个姓张名亚子的人，事晋有功，元朝仁宗延祐三年曾封为“辅文开化文昌司禄宏仁帝君”。道家谓玉帝命梓潼掌文昌府及人间功名、禄位事，因此也称梓潼帝君。

6. 关于孔子标准像

孔子的标准像，我没有看到过。到底孔子像的标准是什么，我也不知道。孔子是两千多年前的文化名人、大圣人，即使在汉代独尊儒术的时候，也没有给孔子画个标准像。

一千年前的唐代画家吴道子画的孔子像虽然不一定符合孔子形象，但它毕竟已经一千多年了，得到孔庙保存、认可，还是有一定的权威性。但吴道子画的就可靠吗？也难说。我在曲阜孔庙看到的吴道子画的孔子像，被很多出版物所翻印，甚为流行。

但是，最近我到浙江衢州南孔庙看到另一幅孔子像，也署吴道子的大名，却很不相同。上面题目是《先圣遗像》，字体是篆字；曲阜的孔子像上的题目却是《先师孔子行教像》，字体是楷书。

另有十六字是“德侔天地，道贯古今，删述六经，垂宪万世”。这十六字的字体和在两画的位置，也不相同。南孔一幅，这十六字在“先圣遗像”下，是篆字；曲阜一幅，这十六字在右边，是楷体字。

南孔一幅没有署名；而曲阜一幅则在左边画内，下方有“吴道子笔”，并有方形印章。南孔一幅画内无字，画外右边有一行小字：“扈跸南渡四十七世孙兵部尚书传　四十八世袭封衍圣公端友　敬立”；曲阜一幅没有这一行字。

从面孔看，南孔那幅画中孔子略胖，眼睛大而圆；曲阜一幅，孔子的眼睛窄而细。从手势看，南孔一幅，孔子的左手掌向上，右手放在左手上，掌心向下；曲阜一幅，孔子的两手掌心向内，左手在里，右手在外。

从服装上看，南孔一幅比较简单；曲阜一幅，在衣领和袖缘上有花纹，左边有一文明杖或剑。

再细看，还有许多差别。一般地说，吴道子画孔子像，只画一幅，不会画两幅相似的。因此，这两幅画应该有真假之分。

孔端友南渡时带走两件传世家珍。作为衍圣公的孔端友，逃难时带走的应该是真品。《先圣遗像》是其一，另一是楷木圣像，是子贡服丧六年，用孔林中的楷木雕刻的孔子像与亓官氏像。如果这是子贡所刻，应该比较正确地反映了孔子的基本形象。子贡所刻的孔子像，耳朵特别大，比南孔《先圣遗像》中孔子像的还要大，而曲阜的孔子像中耳朵最小。楷木圣像的手势与前两幅画中的都不一样，是左手放在右手上，掌心相对。最大的区别是，两幅画中孔子头上都是系着布巾，而楷木圣像上头顶戴着帽子，帽檐还缀有两排小珠。而且楷木圣像身旁没有佩物，这也是很明显的差异。《先圣遗像》上孔子的胡子是三绺，而另一幅画中及木刻圣像的胡子都是一大片的络腮胡子。

离开子贡的楷木雕像和唐代的画像，我们现在要设计出一个孔子的标准像，根据什么呢？我以为搞孔子标准像是不可能的，也没有必要。现在大家认可的吴道子画的孔子像，就在约定俗成中成为标准像。这个版权是吴道子的，谁也垄断不得。现在世界上已经树立着许多孔子像，有石雕的，有铜铸的，也有画的，或者木刻的，形象各异，实在难以统一。

第二课　先秦儒家：孔子、孟子与荀子

1. 孔子生平

《史记·孔子世家》详细记载了孔子生平。按《史记》人物体例，分本纪、世家、列传。其中以天子为本纪，如《五帝本纪》、《秦始皇本纪》、《孝文本纪》等；以诸侯为世家，如《齐太公世家》、《晋世家》以及汉代的新封诸侯如《萧相国世家》、《留侯世家》。孔子不是诸侯，却列入世家，是对孔子的特殊处理。

据《史记·孔子世家》载：孔子的祖先是宋国贵族孔防叔，其父是叔梁纥，其母颜氏。孔子生于鲁襄公二十二年，即公元前551年。孔子十五岁就立志学习文化，到十七岁，就由于“年少好礼”，被鲁大夫视为特别有发展前途的有为青年。他自称青少年时贫贱，因此学会很多生活与生产技能。开始他做过一些小吏，认真负责。鲁君与他一起乘车去周都。这时孔子可能已经五十多岁。孔子向老子问礼，老子告诉他：“吾闻富贵者送人以财，仁人者送人以言。吾不能富贵，窃仁人之号，送子以言，曰：‘聪明深察而近于死者，好议人者也；博辩广大危其身者，发人之恶者也。为人子者毋以有己，为人臣者毋以有己。’”许多人以为只有儒家讲仁义，在这里，老子还自称“仁人”。有才能的人经常损害别人的利益，必遭危害，这就是柔弱胜刚强的意思。

后来孔子被提拔为司空。由于齐国的离间，他只好出走。鲁定公十四年即公元前 496 年，孔子离开鲁国，先到齐国，受到排斥；到了宋国、卫国，曾被驱赶；到了陈国、蔡国，遭遇穷困。十四年后他又回到鲁国，还是得到鲁国君王的善待。

2. 孔子的贡献

孔子说自己的成长历程：“吾十有五而志于学，三十而立，四十而不惑，五十而知天命，六十而耳顺，七十而从心所欲，不逾矩。”(《论语·为政》)孔子将上自唐虞下至秦缪的资料编排出来，作为教材，这就是《尚书》，意思是上古之书，是历史资料，也是史学教材。古诗有三千多篇，孔子选择了三百零五篇，分为《风》、《小雅》、《大雅》、《颂》，这就是《诗》即《诗经》。孔子说：“《诗》三百，一言以蔽之，曰：思无邪。”(同上)孔子晚年对《周易》特别感兴趣。他读《周易》，由于反复翻阅，使得联编竹简的绳子多次断开，所谓“韦编三绝”。《论语·述而》有类似记载。这完全可以确定孔子与《周易》的密切关系。曾有人企图篡改这一事实，后来在出土文物中也发现孔子与弟子讨论《周易》的记载。流传本与地下文物可以互证，这应该是定论了。于是，《史记》称："孔子晚而喜《易》，序《彖》、《系》、《象》、《说卦》、《文言》。读《易》，韦编三绝。曰：'假我数年，若是，我于《易》则彬彬矣。'"这些都是可信的。那么，《易大传》或称"十大传"是孔子的创作，这个传统的说法也应该是可信的。过去疑古时代，否定这一事实，根据是不足的。孔子对此前文化的整理，是有大贡献的，是集先圣之大成，故孔庙的主殿称为"大成殿"。他根据鲁国的史记"作《春秋》"，上自鲁隐公，下至鲁哀公十四年，共十二公，二百四十二年历史，将自己的政治见解贯穿在其中。孔子告诉弟子："后世知丘者以《春秋》，而罪丘者亦以《春秋》。"(《史记·孔子世家》)可见，孔子认为《春秋》是自己的创作，也是代表作。他自称"述而不作"，《春秋》则是例外。

孔子作为最早的民间教师，将贵族文化(主要是礼)传播到民间，主张"有教无类"，打破了"礼不下庶人"的传统，为中华文化的普及开了先例。这是一大创举，怎么评价都不会过分。"孔子以诗书礼乐教，弟子盖三千焉，身通六艺者七十有二人。"(《史记·孔子世家》)"孔子以四教：文、行、忠、信。绝四：毋意、毋必、毋固、毋我。所慎：齐、战、疾。"这里讲"诗书礼乐"是学习课程，"文、行、忠、信"是品德教育，"毋意、毋必、毋固、毋我"是思维方法的训练。慎重处理的事有三项：一是斋戒；二是战争；三是疾病。孔子的教育是成功的，经验是丰富的，理论是深刻的。他的启发式教学，至今还是很有意义的。有的人认为“夫子之门何其杂也”，子贡回答：“夫子修道以俟天下，来者不止，是以杂也……大者之旁，无所不容。”(刘向《说苑》卷十七《杂言》)这个“杂”说明儒家“有教无类”。追求纯粹，怎么可能大呢？孔子是倡导普及教育的，因此才有三千弟子，形成作为显学的儒家学派。其成分复杂，思想复杂，兼收并蓄，有容乃大。

儒家学派是孔子创立的。他们的思想体系就称为儒学。孔子是怎么创立儒学的呢？孔子是宋国贵族的后代，他对贵族文化有所了解，再加上他好古敏求，好学深思，在游学中深入社会，了解实际，研究人生，理论与实践的结合，逐渐形成他的思想体系，就是儒学。他在指导弟子时，因材施教，教学相长，互相启发，使儒学体系丰富发展，并逐渐完善起来。

3. 孔子的影响

孔子死后，鲁哀公对他表示哀悼。他的弟子皆服丧三年，只有子贡在墓旁建庐住了六年。子贡还栽种了楷木，并用楷木雕刻孔子夫妇的像，保存至今。孔子的弟子与鲁国人到墓旁住的人有百余家，成为一个乡村，叫“孔里”。孔子墓地有一顷大，诸儒到那里讨论礼，举行乡饮或大射活动。孔子故居被开辟为庙，将孔子衣冠、琴、车、书都保存在里面。二百多年后，汉朝创立者刘邦经过鲁国，“以太牢祠焉”，用最高级的祭祀标准来祭拜孔子。诸侯卿相到这里来，经常先拜谒孔庙，然后赴任从政。司马迁在《史记·孔子世家》的最后说：“天下君王至于贤人众矣，当时则荣，没则已焉。孔子布衣，传十余世，学者宗之。自天子王侯，中国言‘六艺’者折中于夫子，可谓至圣矣!”这里用许多君王反衬孔子。君王都是当世则荣，活着的时候很荣耀，死后也就消失了，被人遗忘了。而孔子只是一个教师，传十几代，还有那么大的影响，以至于天子王侯讨论“六艺”，还要以孔子的说法作为标准。司马迁首次使用“至圣”这个词，表明孔子是最高的圣人，因此将他放在世家之列。而先秦时代有许多思想家如管仲、子产、老子、墨子、庄子等，都没有被列入世家。这也说明孔子的至圣地位。

汉平帝元始元年(公元 1 年)六月，追谥孔子为“褒成宣尼公”，封孔子后代孔均为“褒成侯”，负责定时祭祀孔子。北魏太和十六年(492 年)文帝封孔子为“文圣尼父”。唐玄宗开元二十七年(739 年)追谥孔子为“文宣王”。宋真宗大中祥符五年(1012 年)封“至圣文宣王”。元大德十一年(1307 年)元成宗加封孔子为“大成至圣文宣王”。明代定孔子谥号为“至圣先师”。清代顺治时定孔子谥号为“大成至圣文宣先师”。康熙皇帝题孔庙大成殿匾额“万世师表”，也成为清代皇帝对孔子的崇高评价。从追谥到封号，可以看到汉以后的两千多年中，历代当政者是如何尊崇孔子的。在这两千多年中，不断改朝换代，甚至少数民族入主中原，孔子儒学一直是有极高价值的，未曾被抛弃。“万世师表”已经挂到了许多孔庙的大成殿上。孔子成了“天下文官祖，历代帝王师”。

时过两千多年，孔子的影响并没有削减，反而增强了，不但影响了两千年后的中国大地，还影响到周边国家，对韩国、日本、越南、新加坡等国都有深刻的影响。孔子的学说也传到西方国家，2007年已经在五十多个国家成立了一百八十多所孔子学院。“和而不同”的牌子已经挂到许多孔子学院里。美国与欧洲也立有孔子塑像。孔子说的“己所不欲，勿施于人”也被写入1993年在美国芝加哥召开的全世界宗教会议最后发表的《全球伦理宣言》，被认为是适用于任何人群的绝对法则，并有了数千年的实用经验。

4. 孟子的生平和思想

孟子名轲，约生于公元前372年，卒于公元前289年，寿八十四，是战国中期的著名儒家。著名的孟母三迁讲的是：孟子小时候住在墓葬区，学着别人哭葬，孟母(仉氏)认为这对孟子的成长不好，就迁往闹市区；后来小孟子学着商人讨价还价，孟母认为这对孟子的教育也不利，于是再迁到学校旁边；于是小孟子跟着学生诵读诗书，孟母认为这对教育孟子最好，于是就定居下来。这里反映一种观念：小孩是善良的，社会环境好不好，会影响小孩的品德情操。这为以后孟子提出人性善奠定了理论基础。

另有孟母断机喻学的故事流传甚广。孟母教子有方，被称为母仪天下，是天下母亲的模范。孟子出生在四月初二，这是孟母成为母亲的日子。李汉秋、骆承烈、王殿卿等学者参加策划，以此日为中华母亲节。一批学者这一天(2007 年 5 月 18 日，阴历四月初二)在孟子出生地山东省曲阜市小雪镇凫村举行首届中华母亲节庆祝大典及纪念孟子诞辰二千三百七十九年的祭祀活动。我作为组委会主任，在会上致词，讲了三点意见：一是同意定四月初二为母亲节，因为当地村民长期以来都是在这一天纪念孟子，已经约定俗成。二是东西方文化各有优长，既不要搞狭隘的民族主义，也不要崇洋媚外。既要保存本国的优秀传统，也要吸纳外国的优秀文化。三是组织者安排发言有眼光，能针对社会上对母亲节的反响，让专家学者作出回答，表达会议的总体精神。会后，大家又到孟母林举行了祭祀活动。

孟子崇拜孔子，受业于子思的门人。因此，孟子继承孔子、子思的学术，成为战国中期最著名的儒学大师，后称亚圣。现在邹县有孟庙即亚圣庙，也有孟府、孟林，还有孟母林，合称四孟。

在战国前期，儒、墨并称“显学”，到了战国中期，儒学被边缘化了，杨朱一派与墨翟一派成为显学，流行于天下。孟子为了维护儒学，挺身而出，辟杨、墨。孟子说："圣王不作，诸侯放恣，处士横议，杨朱、墨翟之言盈天下。天下之言，不归杨，则归墨。杨氏为我，是无君也；墨氏兼爱，是无父也。无父无君，是禽兽也。""杨墨之道不息，孔子之道不著。"(《孟子·滕文公下》)孟子辟杨墨，捍卫儒学，对于儒学复兴，贡献极大。

孟子也曾周游列国。当时天下大乱，孟子提出人性善，行仁政，争取民心，得民心才能得天下。怎样才能得民心呢？那就是要做两方面的工作：一是人民想要的，替他们办到；二是人民反对的，要帮他们去除。这也就是兴利除害。如何兴利除害？孟子提到一些最重要的措施：首先要给人民一定的"恒产"，恒产就是土地。有了土地，生活就有了保证，丰收年可以生活得富裕些，歉收年也不至于饿死，上可以赡养父母，下可以抚养子女，这样人民就会安心在这里长期生活下去。这就是所谓有"恒产"，才有"恒心"。有了生活保证以后，就要进行教育。"饱食暖衣，逸居而无教，则近于禽兽。"(《孟子·滕文公上》)富裕以后，如果不进行教育，人就会变得像禽兽一样，不懂礼义，缺乏道德。因此，孟子十分重视对人民进行伦理教育。另外，孟子还非常强调任人唯贤，如果坏人掌权，什么好事都会被搞乱了。他提出的"尊贤使能，俊杰在位"(《孟子·公孙丑上》)是需要认真体会的。孟子主张"唯仁者，宜在高位；不仁而在高位，是播其恶于众也"(《孟子·离娄上》)。仁人适宜在高官的位子上；如果不仁的人在高官的位子上，会将恶劣的风气传播给群众。为官者要以身作则，若当官的人不遵守道义，百姓就会不遵守法律，天下就不可能安定。他说:“徒善不足以为政，徒法不能以自行。”(《孟子·离娄上》)有的人是好人，是贤者，但未必适合为官当政，做官与做人是不一样的。对于贤人要尊重，未必都让他们当官。“使能”，是任用能力强的人来办事。“能”，是指能人。道德与能力，是当官的两个必要条件。愿意为人民办事，能够为人民办事，这是实行仁政所需要的官员。孟子的仁政学说是系统的儒家政治学。

孟子有比孔子更突出的独立人格。他说:“居天下之广居，立天下之正位，行天下之大道。得志，与民由之;不得志，独行其道。”(《孟子·滕文公下》)为了保证实现独立人格，他认为需要做到“富贵不能淫，贫贱不能移，威武不能屈”(同上)。孟子说:“古之人未尝不欲仕也，又恶不由其道。”(同上)各诸侯国都在发展实力，扩军备战，不接受孟子的主张。孟子因此反对战争，他认为“争地以战，杀人盈野;争城以战，杀人盈城”。这就叫“率土地而食人肉，罪不容于死”(《孟子·离娄上》)，所以他认为“善战者服上刑”(同上)。当时许多人认为善战者是英雄，他却认为善战者应该受到最严厉的刑罚。不能以正道匡君，只是充当君的工具，那是孟子所强烈反对的，他认为那是“富桀”、“辅桀”的行为，不是所谓“良臣”，而是所谓“民贼”。(《孟子·告子下》)他提出“民为贵，社稷次之，君为轻”。(《孟子·尽心下》)因此当官的要把民放在最高的位置上，而将君放在人民和国家之后。但是，当时的士人往往把民与君的关系弄颠倒了，把君放在民之上。孟子主张以道义匡护君，就是要用正义纠正君的错误行为。他对君的教育主要有“施仁政”、“行王道”，主张“以德服人”，反对“以力服人”。(《孟子·公孙丑上》)在战争中“天时不如地利，地利不如人和”(《孟子·公孙丑下》)，认为“不信仁贤，则国空虚”(《孟子·尽心下》)。

孟子在外活动了二十多年，无果而归，开始从事教学与整理古籍，著《孟子》七篇，流传于世。《孟子》一书中有许多思想被后代传颂。

孟子提出天爵和人爵的问题，很有意义，是从政者和准备从政的人需要深刻理解的。他说：“有天爵者，有人爵者。仁义忠信，乐善不倦，此天爵也；公卿大夫，此人爵也。古之人修其天爵，而人爵从之。今之人修其天爵，以要人爵。既得人爵，而弃其天爵，则惑之甚者也，终亦必亡而已矣。”(《孟子·告子上》)“仁义忠信，乐善不倦”是道德，是“天爵”。“公卿大夫”这些官位，是“人爵”。孟子主张修其天爵，然后人爵随之，即先提高道德水平，然后获得官位。现在有些人开始修天爵，是为了获得人爵，一旦得到人爵，就抛弃天爵，将天爵当作敲门砖。孟子认为这是极其糊涂的人，最终“必亡”无疑。

孟子很重视艰难生活的历练，认为舜、傅说、胶鬲、管仲、孙叔敖、百里奚都是从艰苦的环境中被提拔起来成了大功的人。他总结为一句格言：“生于忧患，死于安乐。”(《孟子·告子下》)

孟子有三乐，表达的是他的价值观，或最高理想。三乐是：“父母俱存，兄弟无故”，“仰不愧于天，俯不怍于人”，“得天下英才而教育之”。(《孟子·尽心上》)这三乐中，个人最有自主权的是第二条，就是要做无愧无悔的事，这也是一个人立身处世最重要的一条。

荀子认为“贵为天子，富有天下”是人人所欲。孟子认为“王天下”不是他的“乐”。他对穷达有自己的态度：“得志，泽加于民，不得志，修身见于世。穷则独善其身，达则兼善天下。”(《孟子·尽心上》)

他提出“养吾浩然之气”(《孟子·公孙丑上》)，并且说“养心莫善于寡欲”，“堂高数仞，榱题数尺，我得志，弗为也；食前方丈，侍妾数百人，我得志，弗为也；般乐饮酒，驱骋田猎，后车千乘，我得志，弗为也。在彼者，皆我所不为也；在我者，皆古之制也。吾何畏彼哉!”(《孟子·尽心下》)那些当官的讲究排场、享受，我如果当了官，不要那些东西，我还害怕什么？许多当官的怕上级，就是怕丢了乌纱帽，怕失去那些东西。我不要那些东西，就没有什么可怕的了。为了追求欲望就顺从上级，这是历代从政的大忌，也是贪官奸臣的基本特色。孟子这种大丈夫精神支撑了中华民族无数优秀儿女的气节，为维护民族独立、社会正义，发挥了不可估量的作用。

5. 荀子的生平与思想

荀子名况，又称荀卿、孙卿，赵国人。他五十岁才到齐国，“最为老师”，“三为祭酒”，议兵于赵，论儒于秦，后到楚国，任兰陵令，卒于兰陵。他的弟子李斯和韩非在秦国帮助秦始皇打天下。荀子著《荀子》数十篇数万言，流传于世。

荀子研究的问题很广，主要坚持儒学，推崇仲尼，宣扬大儒，同时用儒学精神分析研究当时社会关注的制度、君道、臣道，以及关于富强、天论、正论、礼论、乐论等，还重视正名的思想，提出解蔽、正名、性恶等问题。

(1)天人之分。儒家讲天人合一，讲天道、地道、人道。而荀子思想的主线是人、人道。他的思维理路是分、分析。荀子《天论》提出“天人之分”，将人从天中分出来，认为“天行有常，不为尧存，不为桀亡”。天是自然的，人是有主观能动性的。人的吉凶祸福，贫富寿夭，是人们自己决定的，与上天无关。荀子说：“强本而节用，则天不能贫；养备而动时，则天不能病；修道而不贰，则天不能祸。……本荒而用侈，则天不能使之富；养略而动罕，则天不能使之全；倍道而妄行，则天不能使之吉。”“本”是生产，“强本”就是加强生产。加强生产又节约开支，天不能使他贫困。“养”，包括衣食住行所需要的物质。“养备”，就是生活资料完备，什么也不缺。“动”指活动，“时”指时常、按时。营养充分，又经常活动，天就不能使他生病。在两千多年前的战国时代，荀子已经认识到营养与活动是健康的两大要素。这个“动”又不是过分的运动，而是适当的动，是与静相协调的动。“道”是规律、法则，“修道”就是循道、遵循规律、按照法则。“不贰”就是不改变。坚持遵循规律按照法则办事，天也不能使人遭祸。相反，如果不努力生产，又很浪费，那么，天也不能使他富裕；如果营养不足，又很少活动，那么天也不能使他健全；如果违背规律不守法则乱来，那么天也不能使他吉利。人可以掌握天命来为自己造福，但是不能改变天的运行规律，“天不为人之恶寒也，辍冬”(《荀子·天论》)，天不会由于人们厌恶寒冷而取消冬季。人也认识不了天为什么会有这些运动规律，所以，他说“不求知天”。他认为君子依靠自己，不断努力，不断进步；小人依赖上天的恩赐，自己偷懒，经常落后。人在社会上生活，放弃努力，企望上天，是不符合实际的，也是不会得到幸福的。

(2)性伪之分。人有自然本性，叫性；经过教育形成的东西，是人为的结果，叫伪。荀子认为人的本性是恶的，善是经过教育后的成果，是人为的结果，叫伪。为什么说人性是恶的呢？荀子作了这样的论证：从圣人到普通人都是好利而恶害的，饥而欲食，饱以后又想美味，追求没有止境。“夫贵为天子，富有天下，是人情之所同欲也。”(《荀子·性恶》)在这一本质上，君子和小人，圣人和俗人都一样。任其发展，就会产生争夺。争夺的结果，天下大乱，大家都不能安定生活。从后果来看，人的本性是恶的。圣人知道这种情况，制订礼，对人民进行教育，遵循礼的人就是善的。礼就是要维护等级差别，协调各种人际关系，维护社会秩序。礼就是人道的极致。荀子总结礼的三种功能：第一，礼是根据人的欲求制订出来的，是为了满足人们的物质需要与精神需要，是为了“养人之欲，给人之求”。“礼者，养也。”第二，礼是维护差别的。分清贫富贵贱，赏罚才能实施。有差别才能劝善惩恶。“夫两贵之不能相事，两贱之不能相使，是天数也。”(《荀子·王制》)贵贱差别是客观规律。只有维护这种状况，社会才能有序。第三，礼还有协调的作用。这就是损有余以补不足。例如人有爱敬之心，爱敬不足，礼要求提高；爱敬过分，礼要求节制。用外在的物来表示感情，叫感情物化或心理外化。礼要求适当，适可而止，不能、不宜过于简陋，也不应过分华丽，过犹不及。礼的作用在于养、别、调。“人性恶”是荀子的最有特色的理论，与孟子“人性善”的观点针锋相对。他认为，人任其发展下去，就会导致争夺，争夺的结果是破坏人类生存环境。所以说人性是恶的。要用圣人制订的礼义进行教化，然后人才会知礼让，行为合理，社会稳定，人们才会生活在和谐的社会环境中。

(3)君子小人之分。人有共同的本性，都是好荣恶辱、好利恶害的，怎么会有君子与小人的分别呢？荀子认为，人的本性是恶的，任其自然发展，就是性恶的小人。如果能够接受礼的教化，并且照着行动，那么就可以“积礼义而为君子”(《荀子·儒效》)。多做礼义的事情，就会逐渐成为品德高尚的君子。如何才能成为君子呢？荀子提出两条：一是学习，二是修身。学习，最好是向圣人学习，圣人作古以后，就学习他所制订的礼义，礼义就在他加工过的典籍中。儒家经典主要有《书》、《诗》、《礼》、《乐》、《春秋》，加上《周易》。这是当时儒家的经典。后来许多儒家又撰写、整理了一些典籍，后儒也将之奉为经典，于是有了“十三经”。这些典籍要专心学，要持之以恒，要学到老，学到死，“学至乎没而后已”(《荀子·劝学》)。修身，即学习要改变观念，落实于行动。荀子说：“君子之学也，入乎耳，箸乎心，布乎四体，形乎动静，端而言，蠕而动，一可以为法则。”(《荀子·劝学》)学习从耳朵进去，记在心中，化作行动，使自己的一言一行都可以成为典范。从行动上表现出来，才算学习好了。“故学止乎礼而止矣。”(同上)学习达到礼的标准，才算完成了。贫穷的时候要遵循礼，富贵的时候也要遵循礼。礼的标准不是死的、固定的，而是发展变化的。总的原则是“以公义胜私欲”(《荀子·修身》)。要“与时迁徙，与世偃仰”，才能做到“应变曲当”。也就是说要与时俱进，随时代的不同而采取不同的方式方法，做到符合实际情况。荀子认为君子主要是自己努力，至于别人如何对待自己，不是自己所能强求的，所以他说：君子应该“耻不修，不耻见污；耻不信，不耻不见信；耻不能，不耻不见用”(《荀子·非十二子》)。学习是为了修身，为了提高自己的素质。与此相反，不学习，学了不能实行，不能提高自己的素质，自己不守信用，没能力，还埋怨别人不信任他，不重用他，这种人就是小人。时代变化了，情况也变了，还死守旧的一套，反对改革，或者没有自己的主见，一切听上级的，或者跟风随众，都是小人的表现。

(4)王霸之分。研究人，就要研究社会。社会最重要的因素是政治。政治状况可以分为三种：“义立而王，信立而霸，权谋立而亡。”(《荀子·王霸》)这就是王道、霸道、亡国之道。荀子在《王制》篇中又有四分法：“王者富民，霸者富士，仅存之国富大夫，亡国富筐箧、实府库。”王道是荀子认为最好的政治。王道的特点是办事合理，富了人民。其次是霸道，霸道讲信用，重视人才，奖赏贤士，让他们先富起来，由于他们积极参与，达到富国强兵的目的。很显然，秦国就是这样的霸道国家。四分法中多了一个仅存之国，就是上不及王、霸，下不致立即亡国，还能勉强维持着。当时山东六国，基本上就属于这种状况。“富筐箧、实府库”指政府富了。政府如何富的？就是从人民那里聚敛来的。财富一旦聚敛到政府那里，人民就贫穷了。这就是“上溢而下漏”。这样强盗要来抢财富，敌人得到这些财富就富裕起来。因此，荀子认为：“聚敛者，召寇、肥敌、亡国、危身之道也，故明君不蹈也。”聚敛的结果是招来强盗，帮助敌人，导致亡国灭身的结局。在《王制》篇的最后，荀子又列出五等：王、霸、安存、危殆、灭亡。这就是诸侯自己选择的结果。善于选择的制服别人，不善于选择的被别人制服。差别就在于谁制服谁的问题。荀子认为：“国之命在礼”(《荀子・强国》)，礼是国家的命根子。“礼者，治辨之极也，强固之本也，威行之道也，功名之总也，王公由之所以得天下也，不由所以陨社稷也。”(《荀子・议兵》)实行不实行礼治，是国家存亡的根本。所以说“修礼者王”。按照礼办事，就是最佳的政治。荀子强调“隆礼”。

战国时代，诸侯纷争，各诸侯都很重视治理社会的法家与带兵打仗的兵家。荀子清醒地看到，法家用赏罚来鼓动人民，是偏颇的。人们为了赏赐去打仗，见到伤亡就不干了，不为钱财去卖命。这纯粹是一种交易，在强敌面前，“使之持危城则必畔，遇敌处战则必北，劳苦烦辱则必奔，霍焉离耳，下反制其上”(《荀子・议兵》)。让他们守危险的城，必定要背叛；与强敌战，必定会逃跑；处于劳苦复杂的环境，必定开小差。到那紧急的时刻，突然解体，一哄而散，国君的命运却掌握在他们的手里。带兵打仗也一样，不重视礼，不讲仁义，只重视将军的选拔，是舍本求末，虽然可能一时取胜，也不能保住，不能持久。齐桓公先行霸道，后来死得很惨。秦国也是“不由礼义而由权谋”(《荀子·王霸》)，也是末世之兵，最终不会有好结果。

荀子讲的王道，首先重视礼义，其次强调富民，再次是尊贤。重视礼义，才能获得人民的拥护。“大凝”，最广大的凝聚力就是要凝聚人民。重视礼义，就要尊贤，由贤能之士来实施礼义。尊贤就要任人唯贤，不能任人唯亲。他说：“明王有私人以金石珠玉，无私人以官职事业。”(《荀子·君道》)国君可以将财宝送给别人，不能将官职与事业送给别人。因为这样对自己宠爱的人没有好处，对人民也是一种灾难，对他自己来说，则得到昏庸的坏名声。这是“俱害之道”，对谁都没有好处。荀子主张任人唯贤，他提出：“贤能不待次而举，罢不能不待须而废。”(《荀子·王制》)只要是贤能之士，不必论资排辈，可以破格提拔。对于没有积极性又无能者，应该立即罢免。即使是王公贵族的子孙，只要不行礼义，就降为平民；平民的子弟，只要言行符合礼义的，就可以提拔任官。荀子主张以礼义为标准，不以出身为根据。在王道观中，君与民的关系是：“君者，仪也，民者，景也。仪正而景正。”“君者，民之原也。原清则流清，原浊则流浊。”(《荀子·君道》)“君者，舟也；庶人者，水也。水则载舟，水则覆舟。”(《荀子·哀公》)君臣关系是：“君人者，爱民而安，好士而荣”，“生则天下歌，死则四海哭”。(《荀子·解蔽》)相反，“世无王，穷贤良，暴人刍豢，仁人糟糠”(《荀子·成相》)。李白也有这种体会：“珠玉买歌笑，糟糠养贤才。”(李白：《古风》)重视不重视贤才，是君王明昏的标志。因此，司马迁说：“士贤能而不用，有国者之耻。”(《史记·太史公自序》)荀子专门以《君道》、《臣道》这样的题目来论述君臣关系问题。

孔子的思想是复杂的，丰富的。孟子重点发挥了孔子的心性修养方面的思想，着重于内圣，同时也提出仁政设想，属于外王的范畴。荀子着重于外王，比较切合当时的政治需要，对中央集权制度有可行性和实用性。汉代以后政治受到这些思想的深刻影响，因此，谭嗣同认为“荀学”统治思想界达两千年之久。荀子也强调人的修养，第一篇就是《劝学》，第二篇是《修身》，还有《荣辱》等篇，都与修身有关，也属内圣的内容。孔子、孟子和荀子的学说虽各有侧重，都还是比较全面的。孟子的学说理想成分大一些，而荀子理论对于中央集权制度更切实可行。

先秦有两条政治路线：礼治与法治。用孔子的话说，就是：“道之以政，齐之以刑，民免而无耻；道之以德，齐之以礼，有耻且格。”(《论语·为政》)法家主张法治，儒家主张礼治。荀子认为礼法都需要，主张隆礼重法，起了综合的作用。在乱世，重法可以富国强兵，韩非、李斯帮秦统一天下，是成功的。在治世，不知隆礼，忽视文化，统治不巩固、不长久，秦因此速亡。汉以陆贾“下马治天下”，重视文化建设，稳定了数百年。

第三课　秦朝焚书坑儒

1. 先秦儒家的独立精神

孔子强调独立人格，《论语·子罕》载：“子曰：‘三军可夺帅也，匹夫不可夺志也。’”孔子是说，人的意志非常坚强，为了自己的信仰，可以牺牲生命。《论语·卫灵公》载：“子曰：‘志士仁人，无求生以害仁，有杀身以成仁。’”孟子在这方面更加突出，他提出鱼与熊掌不可得兼的时候，舍鱼而取熊掌；当生命与道义不可得兼的时候，宁可舍弃生命，也要维护道义。这就是他所说的“舍生取义”。他还说：“说大人则藐之，勿视其巍巍然。”(《孟子·尽心下》)跟大人物说话时，要藐视他，别看他那很威严的样子。他认为：“民为贵，社稷次之，君为轻。”(《孟子·尽心下》)君不能为民服务，可以把他换掉，罪行严重的国君，可以杀掉，这不是“弑君”，而是“诛一夫”，即杀掉没有人拥护的国君，是正义行为。国君不是绝对的权威，君臣在人格上是平等的，都是为民服务的，只是社会分工不同。谁不为民服务，还要残害人民，谁就没有资格当国君。人民是历史的真正主人，民心决定历史的走向，得民心者得天下。孟子讲“浩然正气”、大丈夫精神，这些思想鼓舞着中国历代有志之士为了维护正义而献身。

在春秋战国时代，士人与当政者诸侯的关系，是诸侯特别需要吸引众多有本事的士人，才能保存自己和发展自己。

历史上有这样两个故事：一是魏太子子击(即后来的魏武侯)与田子方的对话，一是齐宣王与颜斶的对话。

《资治通鉴》卷五载：

> 子击出，遭田子方于道，下车伏谒。子方不为礼。子击怒，谓子方曰：“富贵者骄人乎？贫贱者骄人乎?”子方曰：“亦贫贱者骄人耳，富贵者安敢骄人！国君而骄人则失其国，大夫而骄人则失其家，失其国家者，未闻有以国家待之者也。夫士贫贱，言不用，行不合，则纳履而去，安往而不得贫贱哉!”子击乃谢之。

这段话的大意是：子击与田子方在路上相遇，子击下车，向田子方施礼，田子方在车上，不还礼。子击愤怒，责问田子方：“富贵的人可以骄傲，还是贫贱的人可以骄傲?”田子方说：“当然只有贫贱的人可以骄傲。富贵的人哪敢骄傲！国君骄傲就失去国，大夫骄傲就丢了家。丢失国家的，没听说谁会等着给他国家。贫贱的士到各地游说，不受重用，就走，到哪儿也不缺贫贱啊!”子击表示接受这种意见。《史记·魏世家》也有类似记载。士可以骄傲，就因为他们没有尊位、财富，一无所有，所以比较自由。富贵者因为拥有尊位、财富，又怕丢失，就不那么自由了。不自由的人，如何敢骄傲？

《战国策》卷十一《齐四》载：

> 齐宣王见颜斶，曰："斶前！"斶亦曰："王前！"宣王不悦。左右曰："王，人君也。斶，人臣也。王曰：'斶前'，亦曰'王前'，可乎？"斶对曰："夫斶前为慕势，王前为趋士。与使斶为趋势，不如使王为趋士。"王忿然作色曰："王者贵乎？士贵乎？"对曰："士贵耳，王者不贵。"王曰："有说乎？"斶曰："有。昔者秦攻齐，令曰：'有敢去柳下季垄五十步而樵采者，死不赦。'令曰：'有能得齐王头者，封万户侯，赐金千镒。'由是观之，生王之头，曾不若死士之垄也。"宣王默然不悦。

这段话的大意是说：两人见面，齐宣王叫颜斶走近他。颜斶却叫齐宣王走近他。到底应该谁走近谁？颜斶认为，他走近齐宣王是趋炎附势，是巴结权势者，是卑鄙行为；而齐宣王走近他，是当政者礼贤下士的表现，是一种荣耀的行为，会受到社会各界的赞誉。这两种情况，当然应该选择后一种。于是齐宣王又提出谁更高贵的问题。颜斶说当然士更高贵，理由是秦国进攻齐国时，秦王下令说："谁敢到离柳下季（惠）坟墓五十步远处砍树割草，死无赦。"又下令说："有能得到齐王头的，封万户侯，并且赐给千金。"从此可见，活的诸侯王的头，还不如死的士人的坟墓高贵。齐宣王没有话说了。这是当时的真实情况。

因此，士人感到自己奇货可居，傲然独立，不屈于当政者。根据许多记载可以看到，失去士人的支持，在纷争的年代，诸侯国很容易被邻国吞并。在春秋时代诸侯国林立，到战国时代只剩下七国。王充也说："吴不能用子胥，楚不能用屈原"，最后都落得个身败名裂，国破家亡。国家之间的竞争，就是实力之争，也就是人才竞争。士人的走向，对于政治影响极大。正如王充所说："六国之时，贤才之臣，入楚楚重，出齐齐轻，为赵赵完，畔魏魏伤。"(《论衡·效力》)秦是小国，能够任用商鞅等客卿，经过几代努力，逐渐强大起来，终于吞并六国，统一天下，建立了中央集权专制制度的统一国家，这就是强盛的秦朝。

《史记·商君列传》载：卫鞅(即商鞅)见秦孝公，第一次讲帝道，秦孝公不感兴趣；第二次讲王道，秦孝公不能接受，"久远，吾不能待"；第三次讲霸道，秦孝公大悦，要卫鞅实行变法。卫鞅有三种货色供人君选择，为他的出路提供了比较广阔的道路。这说明士与富贵者也有互相适应的问题。就像买卖那样，一方愿买，一方愿卖，双方情愿，生意才好做，交相利，才能双赢。

先秦儒家坚持自己的主张，孔子、孟子也都周游天下，无所留止，"此处不留爷，自有留爷处"，政见不合，起身就走。孔子、孟子这些儒家都是有独立人格的士，不肯向富贵者屈就，游学一二十年，找不到愿意合作的诸侯王，只好回家。

2. 中央集权制度的建立

秦始皇建立了中央集权制度，用郡县制度取代原来周朝实行的封建制度。周朝统一天下以后，因为科技落后，地方广大，人口分散，不好管理。周公采取分封建国的办法，就是将离首都较远的地方分给子弟、亲属、功臣和圣王之后，由他们去管理。他们的爵位分公、侯、伯、子、男五等，分给他们大小不等的土地以及生活于那里的人民，形成许多诸侯国。各诸侯国国君拥有财政、军事、政治的权利，子孙可以继承自己的爵位。诸侯国国君每年要向天子述职，贡献特产，承担军赋与服役。如果五世没有新功，就要取消爵位。这就是“五世而斩”的意思。周天子日渐衰落，而各地诸侯由于发展不平衡，存亡兴衰，使春秋以后天下陷入大乱。经过几百年的战乱，秦朝统一了天下，认为是分散导致大乱。这从李斯的说法中得到了证明。李斯说：“周文武所封子弟同姓甚众，然后属疏远，相攻击如仇雠，诸侯更相诛伐，周天子弗能禁止。今海内赖陛下神灵一统，皆为郡、县，诸子功臣以公赋税重赏赐之，甚足，易制，天下无异意，则安宁之术也。置诸侯不便。”秦始皇说：“天下共苦战斗不休，以有侯王。赖宗庙，天下初定，又复立国，是树兵也，而求其宁息，岂不难哉！廷尉议是。”(《史记·秦始皇本纪》)为了避免混乱，秦始皇与李斯意见一致，改变封建制度，实行郡县制度。将天下分为三十六郡，郡设置太守、尉、监。郡下设若干县。郡的长官太守、尉、监和县的长官县令都由皇帝直接任命，他们没有继承权，而且随时听令调动。

除了政权结构调整之外，秦始皇还采取了一系列措施来加强秦朝的统一政权。具体如下：

(1)使用“皇帝”。过去有三皇五帝，秦始皇认为他的功劳超过三皇五帝，所以秦王改称“皇帝”。他是第一代皇帝，称“始皇帝”，后继者为“二世”、“三世”至于万世，传之无穷。皇帝的命曰“制”，令曰“诏”，自称“朕”。朕在古代是通用的第一人称，从这时起，只有皇帝专用。

(2)改正朔，易服色。按照邹衍终始五德之运，秦始皇认为自己灭周，周是火德，秦就应该是水德，水克火。按照水德，以十月为岁首，衣服、旌旄、节、旗都用黑色。数以六为纪，符、冠皆六寸，六尺为步，舆六尺，乘六马。将黄河改名德水。水主阴，阴主刑杀，事皆决于法，残酷统治。

(3)销兵器。收集天下兵器，集中到咸阳，熔化后铸成金人十二个，每一个金人重达千石，放在宫廷中。以此来防止人民制造金属武器造反。

(4)统一生活中的标准，其中包括法度、衡、石、丈、尺的统一和车同轨。

(5)在文化方面最重要的是统一文字。各诸侯国的文字多有差异，秦始皇统一文字的工作，对汉民族以后的发展意义极大。

(6)天下和平。在琅琊台刻石中，写着“上农除末，黔首是富。普天之下，抟心揖志。器械一量，同书文字”。秦始皇与大臣议论过去的状况是“古之帝王，地不过千里，诸侯各守其封域，或朝或否，相侵暴乱，残伐不止，犹刻金石，以自为纪”，“今皇帝并一海内，以为郡县，天下和平”。这里批评各诸侯“以自为纪”，与后来李斯建议“史官非秦记皆烧之”是相一致的。各诸侯国都有自己的史记，秦统一天下以后，要求只保留秦国的史记，其他各国的史记都要烧毁。鲁国史记由孔子改写成《春秋》得以保存下来。其他如晋、齐、楚、燕等诸侯国，由《左传》和《战国策》等典籍保留下来部分内容，《晏子春秋》可能保留了齐国部分资料。

(7)法家思想成为意识形态。“以法为教”，“以吏为师”，只有法律教育，保存医药、卜筮、种树方面的资料，否定了其他人文教育，包括文学、伦理诸方面，并烧毁那些书籍。“一断于法”，法律条文成为判断是非对错、功过赏罚的唯一标准。

(8)除道，清理道路。“堕坏城郭，决通川防，夷去险阻。”(《史记·秦始皇本纪》载碣石门刻石文)各诸侯国在战争中修筑的防御工事全部拆除，修栈道通天下，以便交通，秦始皇为了专政统治的需要，客观上有利于各地之间的文化交流与商业贸易，有利于生产的发展，经济的恢复，社会的稳定。

(9)权力集中于皇帝一个人。“天下之事大小皆决于上，上至以衡石量书，日夜有呈，不中呈不得休息。贪于权势至如此。”(《史记·秦始皇本纪》)一石一百二十斤，每天秦始皇要看一石重的臣子上书，不看完不休息。当时上书都是刻在竹片上，比现在的纸张要重得多，不过一百二十斤，也实在不少。秦始皇权力太大，管事太多，太累，不能长寿，只活了五十岁。

秦建立中央集权制度以后，整个社会发生巨大变化，大大提高了生产力，提高了征服自然的能力。秦始皇巡视到湘山祠，遇到大风，差一点渡不成功。秦始皇大怒，“使刑徒三千人皆伐湘山树，赭其山”。发动几十万人，筑长城，建骊山墓，修阿房宫，都是大工程。这是中央集权制度初建后发挥出的威力。中央集权政治体制强调集中统一，维护集中统一成为这个体制正常运转的重要机制。一切有碍于这个体制正常运转的因素，都要加以排斥。只有适应这种制度的人和事，才能存在下去。

3. 焚书坑儒

秦始皇建立了中央集权的专制制度，所有士人都只能在秦中央政府那里找到自己施展才华、实施政治抱负的机会。而秦代很多儒者还要坚持春秋战国时代的纯粹性和独立人格，那就只能隐遁山林，或者与当政者对抗，落个身败名裂的下场。他们以对抗的态度对待新政权，于是就有了焚书坑儒的事件发生。有些人从历史记载来考证有没有焚书坑儒的事，实际上要从大势上分析，焚书坑儒是不难理解的。《史记·李斯列传》记载："李斯上书曰：'古者天下散乱，莫能相一，是以诸侯并作，语皆道古以害今，饰虚言以乱实，人善其所私学，以非上所建立。'"这是说过去国家不统一，诸侯割据，百家争鸣，以各自私学批评当政者，群众分不清楚，导致思想混乱。李斯接着说："今陛下并有天下，别黑白而定一尊，而私学乃相与非法教之制，闻令下，即各以其私学议之，入则心非，出则巷议，非主以为名，异趋以为高，率群下以造谤。如此不禁，则主势降乎上，党与成乎下。禁之便。"这就是说，现在已经建立了统一的国家，不能允许私学流行，非议法制，破坏安定统一的政治局面。因此提出禁止私学。李斯又提出具体的办法："臣请诸有文学《诗》、《书》、百家语者，蠲除去之。令到满三十日弗去，黥为城旦。所不去者，医药卜筮种树之书。若有欲学者，以吏为师。"私藏《诗》、《书》、百家语的书，全部交给官府销毁。命令传达到三十日以后，还有人藏这些书，就是犯罪，就要在脸上刺字，发配做苦役。保存的书有医药、种树、卜筮的书，这些书不影响统治。想学习的人，就只好"以吏为师"，向官员学习法制。在《史记·秦始皇本纪》中有类似记载："臣请史官非秦记皆烧之。非博士官所职，天下敢有藏《诗》、《书》、百家语者，悉诣守、尉杂烧之。有敢偶语《诗》、《书》者弃市。以古非今者族。吏见知不举者与同罪。令下三十日不烧，黥为城旦。”李斯提出不许收藏《诗》、《书》和百家语的书，得到秦始皇的批准，就可以说已经开始“焚书”。因为全国各地都在烧书，并没有变成重大事件，史书也就不可能有记载全国各地具体的烧书过程。从汉初缺书情况来看，也可以旁证秦代的烧书。偶语《诗》、《书》的就要处死，坑儒自然不可避免。现在许多学者只讲秦始皇将诸生犯禁者四百六十余人“皆坑之咸阳”，以为坑的只是骗钱的术士，而不是儒生。实际上，“偶语《诗》《书》者”是儒生，遭到弃市。“以古非今者”也是儒生，遭到灭族。“吏见知不举者”也有一些是儒生，与犯禁者同罪。坑的儒生何止四百人、四千人！

从韩非子的文章也可以看到儒家即将面临的灾难。《韩非子·五蠹》载：“儒以文乱法，侠以武犯禁。……故行仁义者非所誉，誉之则害功；文学者非所用，用之则乱法。楚之有直躬，其父窃羊而谒之吏，令尹曰：‘杀之。’以为直于君而曲于父，报而罪之，以是观之，夫君之直臣，父之暴子也。鲁人从君战，三战三北，仲尼问其故，对曰：‘吾有老父，身死莫之养也。’仲尼以为孝。举而上之。以是观之，夫父之孝子，君之背臣也。故令尹诛而楚奸不上闻，仲尼赏而鲁民易降北。”春秋时代，就有这样的说法：“为仁者爱亲之谓仁，为国者利国之谓仁。”(《国语·晋语一》)“爱亲”是一种美德，“利国”也是一种美德。“爱亲”之仁与“利国”之仁是不一致的，是有矛盾的。这种矛盾在春秋时代不容易激化，只是个别人的事情。韩非子举了两个例子：一是楚国有一个叫直躬的，他的父亲偷了人家的羊，他告到官府，楚国大官令尹说："杀了。"这个直躬对国君说了真话，却对不起父亲。他是国君的直臣，却是父亲的暴子。这说明家庭伦理与国家伦理之间的矛盾。另一个例子是鲁国的一个人跟着国君去打仗，再三逃跑。孔子问他为什么。他说："我有老父亲，我如果死了，就没有人养他了。"孔子认为这是孝子，推荐提拔他。从此可见，这边是父亲的孝子，那边却是国君的叛徒。结果呢？令尹杀了偷羊的，楚国有奸佞就没人再愿去告发。孔子表扬了那个孝子以后，鲁国的士兵就容易逃跑。在家与国的矛盾中，建立了中央集权制度的秦朝就不允许损害国家利益，认为儒家是需要清除的"五蠹"之一。儒家以文化思想违背法律，是法治社会的阻力和障碍。有自由主义倾向的儒家思想与中央集权制度的矛盾，很容易激化，一旦激化，就会两败俱伤。儒学不能适应中央集权专制制度，所以遭到焚书坑儒的大灾难。一个国家一旦焚书坑儒，其政权也就寿命不长了。"竹帛烟消帝业虚，关河空锁祖龙居。坑灰未冷山东乱，刘项原来不读书。"(唐代章碣：《焚书坑》)竹帛是书，是文化文明的象征。不要竹帛，就是不要文化。没有文化，统治基础就空虚了。关河虽然坚固，却保不住秦朝的统治。《史记·秦始皇本纪》有"今年祖龙死"，"祖龙"就是指秦始皇。秦始皇焚书坑儒，不久，陈胜起义，诸侯国贵族都起来响应，天下大乱。带头起义的农民领袖刘邦与项羽都是读书不多的人。这说明天下大乱与读书没有直接关系。秦朝很快就亡了。

第四课　汉朝独尊儒术

1. 儒学创新，服务政治

秦代对儒学采取的是焚书坑儒政策，几十年后的汉朝实行独尊儒术政策。这个大变局，是如何产生的？统治者为什么会对儒家的态度有这么大的转变？究竟是统治者的原因，还是儒家的原因，或者是形势变化和皇帝个人(秦始皇与汉武帝)的因素？

我以为主要是儒家学者的原因。儒家中有一些杰出人物，能够适应新的社会制度，能够为中央集权专制制度服务。具体地讲，主要是以陆贾、叔孙通、公孙弘、董仲舒等四人为代表的儒家，能够与时俱进，创新儒学，适应中央集权专制制度，使儒学得到独尊。陆贾著《新语》，得到刘邦君臣的肯定，刘邦因此改变观念，愿意下马治天下；叔孙通和弟子们为汉朝制订朝廷礼仪，得到刘邦的采纳和赞赏。窦太后驾崩后，汉武帝招贤良对策，选拔了一批儒家，参与治理社会的决策。公孙弘与董仲舒等人，就是被选拔的儒家，为复兴儒学做出了重大贡献。也有不幸者，贾谊也是有改革思想的大儒，却由于改革幅度大和反对势力强而遭到排挤，大谋未逞而英年早逝。晁错也是儒者，曾从伏生学习《尚书》，因建议削藩，逢吴楚七国之乱，被汉景帝冤杀。他们的牺牲，也算是儒学复兴的代价。

下面具体介绍这四大儒的理论贡献与实践业绩。

刘邦建立汉朝以后，陆贾时时在刘邦面前称颂儒家的经典《诗》《书》，刘邦说："乃公居马上而得之，安事《诗》《书》!"陆贾说："居马上得之，宁可以马上治之乎？且汤、武逆取而以顺守之，文武并用，长久之术也。昔者吴王夫差、智伯极武而亡，秦任刑法不变，卒灭赵氏。乡(向)使秦已并天下，行仁义，法先圣，陛下安得而有之?"(《史记·郦生陆贾列传》)这段话非常重要。其大意是：武力可以夺取天下，夫差、智伯和秦朝，都是只用武力而灭亡。汤、武都是用武力夺取天下，然后用文的办法顺守天下。文武并用，才是长久之术。就是说，刘邦用武力得天下后，就要改用文的办法治理天下，怎么能在马上治天下呢？刘邦听明白了，要陆贾总结历史成败的经验教训，陆贾写成《新语》十二篇。每一篇宣读以后，都得到刘邦认可，"未尝不称善"，而且"左右皆呼万岁"。这就是说，刘邦得天下以后，治理天下要用儒学。如果重蹈秦朝的覆辙，那也会很快灭亡。刘邦听了陆贾的提示，改变治国方略，对于新建立的中央集权制度的巩固起了非常重要的作用。陆贾用通俗的语言讲儒学治理天下的道理，得到新统治者的认可，被称为西汉第一大儒，当之无愧。

叔孙通在《史记》卷九十九有传。他跟随刘邦以后，推荐了很多壮士，许多弟子有意见。他说："汉王方蒙矢石争天下，诸生宁能斗乎？故先言斩将搴旗之士。诸生且待我，我不忘矣。"在战争时代，叔孙通推荐能打仗的壮士，是根据实际的需要。他让诸生等待，就是到和平时期再推荐这些儒生。刘邦得天下后，许多功臣名将"饮酒争功，醉或妄呼，拔剑击柱"。刘邦正为这事发愁，这时，叔孙通建议征聘鲁诸生一起制订朝廷礼仪。叔孙通到鲁地招聘诸生，有两个儒生不肯来，说："公所事者且十主，皆面谀以得亲贵。今天下初定，死者未葬，伤者未起，又欲起礼乐。礼乐所由起，积德百年而后可兴也。吾不忍为公所为。公所为不合古，吾不行。公往矣，无污我！"这两个儒生的意思是现在百废待兴，需要做的事很多，哪有时间去制订礼仪？而且制订礼仪要在社会稳定一百年以后才可以进行。他们认为叔孙通所为不符合古代的做法。朝廷有这种需要，他们不知道，却从过去的说法中找否定的根据，说明他们的思想不能与时俱进。因此，叔孙通笑曰："若真鄙儒也，不知时变。"僵化的儒生，不知时代的变化。所事十主，何污之有？孔子游说诸侯，何止十主？管仲背主事仇，得到孔子的赞扬。儒生何其陋矣！积德百年，礼乐可兴，这种说法，不知有何根据。周公制礼作乐，何尝积德百年？以"古"为准，不知时变，"真鄙儒"！孔子讲"权"的重要性，在那些自以为是的纯粹儒者那里，成了最不重要的，甚至是背叛的表现。貌似坚定的儒者，从儒学的一些概念出发，不能从实际出发，只能导致儒学的毁灭，何能传承儒学？实质上是对儒学的真正背叛。没有应变创新的儒家，儒学怎么能流传至今。

叔孙通按照刘邦简单易行的要求，制订礼仪。他真正理解了礼的精神是“因时世人情为之节文者也”，根据时代的变化与人情的状况，制定文明行为规范，就是礼的基本精神。“颇采古礼与秦仪杂就之”，将古代的礼仪与秦代的礼仪进行综合创新。叔孙通理解儒家礼制的精神，又能从实际出发，有继承，有革新，制订适合当代的礼仪制度。效果如何？要看实施的结果。在仪式中，“自诸侯王以下莫不振恐肃敬”，“竟朝置酒，无敢欢哗失礼者”。刘邦很高兴，说“吾乃今日知为皇帝之贵也”。叔孙通的弟子“悉以为郎”。叔孙通将皇帝奖赏的五百斤金赐给诸生，诸生乃皆喜曰：“叔孙生诚圣人也，知当世之要务。”(《史记·刘敬叔孙通列传》)用儒家精神解决“当世之要务”，才能实现儒学的价值，也才能发展儒学。

叔孙通知道当世最需要解决的问题是什么，应当采取什么样的方法解决。叔孙通的特点就是“通”，即通达，能适应变化了的形势，随机应变，为稳定社会做出了重大贡献。曾经有许多学者根据现代民主的观念，批判古代，包括汉代的中央集权制度，这是违背历史辩证法的。

公孙弘虽然研究学问不深，但善于以儒学包装汉武帝的决策。汉武帝非常满意，将他留在身边，任三公，至八十岁死于丞相任上，封平津侯。他的特点是“每朝会议，开陈其端，令人主自择，不肯面折廷争。于是天子察其行敦厚，辩论有余，习文法吏事，而又缘饰以儒术”。他与朱买臣辩论，承认错误，说自己是“山东鄙人，不知其便若是”。汲黯批评他官高禄厚，却很节约，是欺诈伪装的表现。汉武帝问他，他说有这回事，说管仲上拟于君，生活特别豪华；晏婴下比于民，生活特别节约，齐国皆治，并且表扬汲黯忠。“天子以为谦让，愈益厚之。”自己节约，钱花在宾客上，“家无所余”。他提倡：“知所以自治，然后知所以治人。”(《史记·平津侯传》)“公孙弘以《春秋》白衣为天子三公，封以平津侯。天下之学士靡然乡(向)风矣。”公孙弘为学官，提倡儒学教化，得到汉武帝批准，“自此以来，则公卿大夫士吏斌斌多文学之士矣”。可见，公孙弘在当时影响很大，成为儒者倾慕的榜样。辕固生告诉公孙弘：“公孙子，务正学以言，无曲学以阿世!”(《史记·儒林列传》)所谓“曲学以阿世”，就是修改理论为现实政治服务。表面上似乎违背理论，实际上更正确地体现了儒学精神。先迕后合，不同于修正主义。

董仲舒的著作主要有《贤良三对策》与《春秋繁露》。主要思想是大一统论、天人感应说与独尊儒术。董仲舒这三方面的理论价值，可以说立了百世之功。大一统论强调“屈民而伸君”，全国统一于一个中心——皇帝，保证了全国政治的统一和领土的完整，维护了新创造的中央集权制度，使中国形成民族复杂、人口众多、统一的大国。天人感应说限制了皇帝个人的私欲，达到“屈君而伸天”的作用，协调了君民之间的矛盾，调整统治者与被统治者之间的关系，使矛盾尽量缓和，不至于激化。在没有民权的时代，这是促进社会和谐的重要方式，具有非常巨大的意义。进入现代社会，西方的民主观念传入中国以后，许多人都极力批判中国古代的中央集权专制制度。但是，在两千多年前的汉代，建立与维护中央集权制度，代表着最先进的文化，也是最文明的意识形态。在以后的发展中，中国的富强无不与此相联系。独尊儒术，“屈君而伸天”，天又是由儒者按儒学来解释，已经暗含独尊儒术的意思。汉代独尊儒术奠定了以儒学为主干的中华民族魂。董仲舒为政治服务，不是简单地为当时的政策作论证，而是为整个民族的兴盛与发展、整个社会的长治久安作宏观长远的设计。

在这里介绍的四个人中，陆贾协助陈平平定诸吕，维护汉室江山，得以寿终。叔孙通得到刘邦欣赏，后又为“太子太傅”，汉惠帝登基，他又为太常，“定宗庙仪法”。司马迁对叔孙通的总体评价是：“叔孙通希世度务，制礼进退，与时变化，卒为汉家儒宗。”公孙弘任相、封侯，显赫一时，在社会上产生巨大影响。司马迁专门为他单独立传，而董仲舒只是在《儒林列传》的最后拄上一号，算是续貂而已。“汉兴至于五世之间，唯董仲舒名为明于《春秋》，其传公羊氏也。”这是司马迁对董仲舒的最高评价。董仲舒的贡献是经过一百年以后才逐渐显现出来的，按班固的说法，这四个人的贡献，以董仲舒的贡献为最大。因此，班固在《汉书》中为他单独立传，收入《贤良三对策》全文。并称他是“群儒首”，又为“儒者宗”。与此同时，公孙弘却与卜式、兒宽合传。可见，理论有基本的、长远的影响，过去叫“百世之功”。具体措施是应急的、临时的，解决问题效果明显的。具有普遍意义的具体措施有示范作用，影响也相当久远。秦始皇创造的郡县制，叔孙通等设计的朝廷礼仪，至少影响了两千多年，与董仲舒的天人感应理论并行。而董仲舒的大一统论和独尊儒术将继续长期地、广泛地影响中华民族。

到了近现代，中央集权专制制度已经落后，需要实行民主政治。五四时期批判封建专制制度是对的，同时批判为其服务的儒学，大方向也是对的。没有这种批判就没有革命，中国就不能振兴。现在，社会稳定发展，需要和谐的环境——国内与国外的和谐，儒学受到世界的重视。儒学升温，也是合理的。对于人来说，晚上躺下睡觉，早晨起床，都是对的。不能因为要躺下睡觉，而批评起床；也不能由于要起床，而后悔昨晚的躺下。时间变了，情况变了，思想行为也应该与时俱进。在研究历史中不可忘了历史性。

2. 从《史记》看汉朝的独尊儒术

有的学者怀疑汉武帝是否真的独尊儒术。我们可以从《史记》看到独尊儒术的影响。司马迁生活于汉武帝时代，开始按他父亲司马谈的说法，还是独尊黄老道家的，这从《六家要旨》可以看出。后来独尊儒术，说明在汉武帝统治的这几十年中产生了这一巨大转变。

《史记》中有《孔子世家》、《仲尼弟子列传》和《儒林列传》，分别记载孔子身世、孔子弟子的情况以及孔子以后直至汉代研究儒学的状况。

《孔子世家》详细叙述了孔子的家世以及他的成长过程，司马迁记述这些内容时，字里行间透露出一种崇拜心理。他在最后说："《诗》有之：'高山仰止，景行行止。'虽不能至，然心乡(向)往之。余读孔氏书，想见其为人。适鲁，观仲尼庙堂车服礼器，诸生以时习礼其家，余祗回留之不能去云。天下君王至于贤人众矣，当时则荣，没则已焉。孔子布衣，传十余世，学者宗之。自天子王侯，中国言'六艺'者折中于夫子，可谓至圣矣!"以历代天下君王作为这个布衣的陪衬，可见他的崇拜心情。"至圣"的说法，也是第一次出现。从此以后，历代称孔子为圣人、大圣、至圣不断，帽子越来越大、越来越高。有的人看了这些帽子有点眼红，但中国只有这一个最高的圣人，作为中华民族的文化象征，帽子怎么高也不过分。

《仲尼弟子列传》列了三十五人及他们的准确年龄，又列了四十二人无准确年龄，共七十七人。这也是其他各家所没有的特殊待遇。

《儒林列传》列了孔子最主要的弟子，包括战国时代的儒家代表人物，直到汉代的经学博士，最后是董仲舒。记载了从孔子到董仲舒的儒学传授过程，以及儒家人物。在《太史公自序》中，有这么一段记载：太史公曰："余闻董生曰：'周道衰废，孔子为鲁司寇，诸侯害之，大夫壅之。孔子知言之不用，道之不行也，是非二百四十二年之中，以为天下仪表，贬天子，退诸侯，讨大夫，以达王事而已矣。'子曰：'我欲载之空言，不如见之于行事之深切著明也。'"这里的“董生”，据服虔说就是董仲舒。这就是说，司马迁撰写《史记》的指导思想，与董仲舒和孔子的说法有一定的关系。可见，司马迁曾亲聆董仲舒的教诲。

先秦诸子百家，著名的有管子、孙子、老子、墨子、商鞅、庄子、公孙龙子、惠施……诸多名人名家，哪一位学者也没有进入“世家”与诸侯并列，哪一位大师的系列弟子、研究哪一派的历代学者也没有专门的“列传”，道、墨也称显学，却没有《道林列传》，也没有《墨林列传》。要不是独尊儒术，《史记》的这些写法，就很难解释了。

当然，也有学者引述《史记》中的一些说法，证明司马迁是黄老道家的代表人物。如何解释这个矛盾呢？如果前面的现象都是肯定的，那么就是说司马迁既有黄老道家的思想，也有儒家的思想。由于汉代的思潮先是黄老道家的思想盛行，后有儒家思想的独尊。如果承认司马迁的思想是随着时代的变化而变化的，那么，这里有一个转变的过程。这个转变过程，就是独尊儒术开始形成的时期。这就证明汉武帝时代正是独尊儒术产生的时代，汉武帝是独尊儒术的。

独尊儒术的影响在于：一是影响了中华民族的民族魂；二是增强了民族凝聚力；三是稳定了和谐社会；四是巩固了统一大国的局面；五是为世界和平提供了一种思想资源。独尊儒术的弊端在于，后儒思想僵化，搞教条主义，或者片面强调仁爱，不重视国防建设而遭外来侵略，宋代国势软弱就反映了这种弊端。任何一种思想一旦僵化，都会有弊端。孔子强调“权”的意义也就在这里。

3. 从人才选用看汉朝的独尊儒术

选拔人才的标准与方式，突出表明统治者的思想倾向。西汉初期，各级官员大多数是跟随刘邦打天下的元勋，只有像陈平、陆贾等少数人是文人，绝大多数是武将出身。“公卿皆武力有功之臣”。每一个新朝初期多用武将，是很自然的事。天下是将军们打出来的，打天下自然就要坐江山。这时候少数文人(主要是谋士)也会得到重用，例如运筹帷幄的张良、陈平，游说诸侯的郦食其、萧何、陆贾，筹集物资、建立制度的萧何、叔孙通，都属于这类少数被重用的文人。他们在战争中的作用也是非常重要的，楚汉战争的胜负关键就在这些文人的作用。新朝建立之初，需要协调各种关系，调整利益分配，稳定社会秩序，建立必要的制度，没有这些文人也不行。到了文帝时代，有一位杰出的文人就是贾谊。汉文帝非常欣赏他，一再提拔他，还想提他“任公卿之位”，主持变法改革。结果树大招风，还活着的老将军们(周勃、灌婴、张相如、冯敬等)群起反对，年幼的皇帝顶不住，只好牺牲年轻的文人贾谊，向老将军们妥协。汉景帝时代，异姓王已经没有了，同姓王也都是在优越的环境中长大的，养尊处优，只会享受，没有经过磨难锻炼，不能胜任政治斗争。在下层官员中，他们的子孙却往往由于父母当小官吏的方便条件，有较多机会接触社会各阶层的人物，比较能够表现出自己的才华，得到上层人物的赏识，得以出人头地。到了汉武帝时代，汉朝建立已经七八十年，跟随刘邦打天下的开国元勋都不在了，他们的后代也开始分化，有的因为犯罪被诛杀，或者免为庶人，降为平民。少数人物由于不同的原因，再次立功封爵。但是，这个时候，贵族出身的子弟与平民的子弟，基本上处于相对平等的地位进行公平竞争。由于条件差别，官吏的子弟机遇多一些，建功立业的比例大一些。平民也并不是没有机会，朱买臣就是一个典型。他是一个贫民，靠卖柴为生。在男尊女卑的时代，在只有丈夫休妻子的时代，他却被妻子休了。后来，由于他刻苦读经书，研究儒学思想，有机会在皇帝面前“说《春秋》，言《楚辞》”，汉武帝一高兴，就“拜买臣为中大夫”。朱买臣一再展示才华，最后官位“列于九卿”（《汉书・朱买臣传》）。汉武帝唯才是举，不拘一格，所以涌现了一大批杰出人才。

班固在《汉书・公孙弘卜式兒宽传》中赞说：“汉之得人，于兹为盛。儒雅则公孙弘、董仲舒、兒宽，笃行则石建、石庆，质直则汲黯、卜式，推贤则韩安国、郑当时，定令则赵禹、张汤，文章则司马迁、相如，滑稽则东方朔、枚皋，应对则严助、朱买臣，历数则唐都、洛下闳，协律则李延年，运筹则桑弘羊，奉使则张骞、苏武，将帅则卫青、霍去病，受遗则霍光、金日磾，其余不可胜记。是以兴造功业，制度遗文，后世莫及。”汉武帝所立的丰功伟业，与这些贤才的奉献和创造分不开。汉武帝时代人才最盛，汉宣帝时代也很盛，“孝宣承统，纂修洪业，亦讲论六艺，招选茂异，而萧望之、梁丘贺、夏侯胜、韦玄成、严彭祖、尹更始以儒术进，刘向、王褒以文章显，将相则张安世、赵充国、魏相、丙吉、于定国、杜延年，治民则黄霸、王成、龚遂、郑弘、召信臣、韩延寿、尹翁归、赵广汉、严延年、张敞之属，皆有功迹见述于世。参其名臣，亦其次也”(汉书·公孙弘卜式兒宽传)。为什么会如此之盛？班固又说：“汉兴六十余载，海内艾安，府库充实，而四夷未宾，制度多阙。上方欲用文武，求之如弗及，始以蒲轮迎枚生，见主父而叹息。群士慕向，异人并出。卜式拔于刍牧，弘羊擢于贾竖，卫青奋于奴仆，日磾出于降虏，斯亦曩时版筑、饭牛之朋已。”(同上)天下太平，需要人才来参与政治，帮助建立制度。汉武帝虚心诚敬，以蒲轮迎接枚乘，见到主父偃，十分感慨，相见恨晚。汉武帝这种求贤的态度，对贤才具有强大的吸引力。“群士慕向，异人并出。”汉武帝又从社会最底层发现、提拔一些优秀突出的人才。如果没有汉武帝的积极态度，那么，他们就不可能得以发挥自己的才华，创立丰功伟绩。“公孙弘、卜式、兒宽皆以鸿渐之翼困于燕爵，远迹羊豕之间，非遇其时，焉能致此位乎？”(同上)汉武帝选择这些人才不拘地位，就像过去殷代武丁从傅险版筑中发现傅说，“举以为相，殷国大治”(《史记·殷本纪》)，也像齐桓公将饭牛于车下的宁戚提拔起来当大夫，“任之以国”(《史记·鲁仲连邹阳列传》及“集解”)。古代统治者能够从地位很低的人群中选拔优秀人才，委以国政，就是非常不容易的事情，也是被传为美谈的英明之举。汉武帝的英明，使众多贤士才有机会比较充分地发挥自己的才华，才有汉武帝时代的盛世和功业。

以上五十多人是史家认定的杰出人物，查他们的传记，他们出仕的方式主要有因父亲而出仕的、明经的、被当政者发现并提拔的、当官者推荐的、自荐的、参加对策的、察廉的、奉献财物任官的。因父亲而出仕的，称为“任子”，共有十二名；明经出仕者有九名；被当政者发现并提拔和对策的，各有五名；由为官者推荐的、察廉的、捐钱的各三名；自荐的有两名；还有个别是积功劳的，经商出身的，靠外戚关系的，好黄老言的各一人；其余六名情况比较复杂，难以归类。“任子”约占四分之一。明经加上对策的最多，有十四名，也占四分之一。提拔、推荐、察廉，这三种方式，都是政府通过规范形式选拔的有十一名，也是约占四分之一。明经与对策主要是儒家学派的，其他学派只有一名是好黄老之言的，显然是独尊儒术的结果。

汉武帝用人成功的经验有二：一用儒生；二用下层有能力的人。汉武帝选拔人才的方式主要采取理论与实践相结合的办法。他一上台就招贤良文学之士进行对策，就是直接讨论政治问题，看这个人的理论水平与思维能力如何，然后在任用中进行实际考察。例如汉武帝在对策中选中公孙弘，派他出使匈奴，回来后，汉武帝不满意，马上将他罢免。以后公孙弘被再次选上，在实际决策中令汉武帝很满意，不断得到提拔，直至天子三公，封侯。汉武帝能够大胆起用卫青、霍去病、金日磾，也说明汉武帝很有眼光。

所谓独尊儒术，并非只用儒生治理天下，应该说是以儒学为指导思想，当然有较多儒生从政，其他人才也各得其所。汉武帝是以法治国与以德治国兼用，因此有公孙弘与张汤这样两类人才并存。

第五课　汉代儒者宗师董仲舒

董仲舒(公元前198—前106年)，广川(今属河北省景县)人，西汉时代著名的政治思想家与政治哲学家。他上承孔子，下启朱熹，对儒家的发展起了关键的作用。司马迁认为从汉高祖到汉武帝五世间，只有董仲舒才称得上是最精通《春秋》的经学大师。班固则在《汉书》中称董仲舒“为儒者宗”(《五行志》)，“为群儒首”(《董仲舒传》)，是汉代儒学的宗师。东汉著名哲学家王充说：“文王之文在孔子，孔子之文在仲舒。”(《论衡·超奇篇》)文王传孔子，孔子传仲舒，说明董仲舒是周文王、孔子的正统嫡传，也是圣贤级的学者。清末康有为在《春秋董氏学》中说董仲舒思想“轶荀超孟”。孟子是亚圣，荀子是大儒。超过孟子和荀子，自然就是圣人了。从汉到清，董仲舒思想对思想界、政治界，都有深刻的影响。

1. 唯董仲舒明于《春秋公羊学》

西汉时代，《春秋公羊学》盛行，当时有两位大师：一是董仲舒，一是胡毋子都。他们都是汉景帝时代的博士。胡毋子都比董仲舒年长，董仲舒曾经“著书称其德”，敬佩他的品德。胡毋子都由于年老，退休回到故乡齐国，在那里教授弟子。齐地讲《春秋》的学者都以他为宗师，公孙弘也曾经向他学习过。胡毋子都的弟子不少，而出名的只有公孙弘一人。公孙弘以研究《春秋》出身，后来善于给汉武帝的政策作论证，“缘饰以儒术”，得到汉武帝的赏识，平步青云，位至三公，封平津侯，成为当时学子倾慕的楷模。公孙弘官大，名气大，为老师争了光。但他没有弟子，研究学问也不如董仲舒，对后来学术界就没有什么影响。对后代影响比较大的却是董仲舒。司马迁说：“汉兴至于五世之间，唯董仲舒名为明于《春秋》，其传公羊氏也。”(《史记·儒林列传》)

在胡毋子都于董仲舒之前，谁传《公羊学》，尚有疑问。唐代徐彦在《春秋公羊传·疏》中称：“孔子口授子夏。”引《说题辞》云：“传我书者，公羊高也。”又引《戴宏序》曰：“子夏传于公羊高，高传于其子平，平传于其子地，地传于其子敢，敢传于其子寿。至汉景帝时，寿乃(与)其弟子、齐人胡毋子都著于竹帛，与董仲舒皆见于图谶是也。”按这种说法，孔子把《春秋》传给弟子子夏，然后子夏传给公羊高，公羊高以后父子相传，五代到了公羊寿。公羊寿与其弟子胡毋子都合作，把《春秋公羊传》写在竹帛上，形成了有文字的《春秋》注释。《汉书·儒林传》说胡毋子都“与董仲舒同业”。什么叫同业？即相同的事业或共同的事业，这就是《春秋公羊传》。如果是胡毋子都传于董仲舒，那就不能称“同业”，而是授受。由此可见，董仲舒很可能是与胡毋子都同受业于公羊寿，年龄相差不小，还是同学。那么，公孙弘受业于胡毋子都，虽然与董仲舒年岁相近，按辈分说，还是下一辈的，要称呼董仲舒为“师叔”。他的学术水平不如董仲舒，也就不难理解了。

《公羊传》是汉景帝时的公羊寿主持撰写的，并非公羊氏一家的思想汇编，因为在《公羊传》中有“子沈子曰”、“子司马子曰”、“子女子曰”、“子北宫子曰”、“高子曰”、“鲁子曰”等，说明公羊寿是采纳了许多先贤对《春秋》的研究成果而拟定的。《公羊学》中也出现“子公羊子曰”，说明公羊氏只是其中一家。因此，前面提到的公羊氏五世相传的说法恐非事实，只是汉后人虚拟的。

汉代，《春秋公羊传》影响大，与这一学派靠近政权，介入政治有一定关系。胡毋子都和董仲舒都是汉景帝时的《春秋》博士，当时博士没有实权。汉武帝当政以后，举贤良对策，董仲舒和胡毋子都的弟子公孙弘都通过对策，进入政界，董仲舒对策虽受汉武帝的赏识，只当了江都相、胶西相，未能进入朝廷中央决策圈。公孙弘深受汉武帝信任和重用，位至三公，封平津侯，他在汉武帝朝上多次起到举足轻重的作用。公孙弘 80 岁终于相位上，对世风有导向作用。《史记·儒林列传》载：“公孙弘以《春秋》，白衣为天子三公，封为平津侯。天下之学士靡然向风矣。”天下学士学儒，特别是学《春秋公羊传》，成为时髦。董仲舒本人虽然没有那么显赫，但他的学生多，当官的也多，例如兰陵褚大任梁相，温吕步舒任丞相长史，还有嬴公在汉昭帝时任谏大夫，其他任郎、谒者，掌故者有数百人。

而且他的子孙也当了大官。

据郑玄《六艺论》载："董仲舒弟子嬴公，嬴公弟子眭孟，眭孟弟子庄(严)彭祖及颜安乐，安乐弟子阴丰、刘向、王彦"，严彭祖传王中，王中传东门云和公孙文。颜安乐的弟子很多，除了郑玄提到的三人，《汉书》中还提到冷丰、任公、管路、冥都。冷丰的弟子有马宫和左咸。管路的弟子有孙保。范晔的《后汉书·儒林传》载治《春秋严氏学》的学者有丁恭、周泽、甄宇、楼望、程曾。严彭祖的弟子王中，王中的弟子东门云下狱诛，大概就再没有弟子了。王中的另一弟子公孙文任东平太傅，"徒众尤盛"，因此，东汉治《严氏学》的丁恭等人可能都是公孙文的弟子。东汉治《春秋公羊学》的还有张玄、李育，李育的弟子羊弼，羊弼的弟子何休。何休是东汉时代著名的公羊学大师，代表作是《公羊解诂》。总之，这些公羊学家都是董仲舒的后学。由于这些学者都在历代朝廷中任博士、谏大夫、太傅或国相，参与政治，使公羊学盛行于汉代，并影响着汉代的政治、思想和文化。

2. 天人三策，董学标志

在《汉书》本传中，收录了汉武帝三篇策问和董仲舒的三篇对策全文。这三篇对策主要是讲天人感应的，因此又称“天人三策”。董仲舒的著作较多，而这三篇对策则是他的代表作。后人汇集的《春秋繁露》则是三策思想的展开与细化、深化。

汉武帝登基以后，为了施展雄才大略，招致人才，多次举行贤良对策，即由各地方推荐贤良文学之士，汉武帝亲自提出策问，贤良文学之士进行对策，汉武帝亲自阅读对策，从中发现人才，加以任用。公孙弘也是参加对策，受到汉武帝赏识，才进入仕途的。董仲舒也是通过对策，而被任为江都相的。《史记》没有提到董仲舒参加对策，只说“今上(汉武帝)即位，为江都相”(《儒林列传》)。《汉书·董仲舒传》则明确说董仲舒由于对策受到汉武帝赏识而被任为江都相，并把董仲舒对策系于元光元年五月(《汉书·武帝纪》)。司马光的《资治通鉴》把董仲舒对策系于建元元年，即汉武帝即位的当年。根据就是《史记》上的“今上即位”。从此以后，董仲舒的对策之年就成为历代争议的问题，从南宋的洪迈开始，有王楙木、马端临、沈钦韩、苏舆、史念海、夏曾佑、范文澜、侯外庐、翦伯赞、王益之、齐召南、苏诚鉴、徐复观、岳庆平、施丁、王先谦、王葆玄等都参加了讨论。主要有建元元年说和元光元年说。我以为，《汉书》中的元光元年五月的说法较为合理。①

同气相应思想与天命论思想相结合，产生了天人感应说，在先秦的著作中就已经有了这种思想，《周易·乾卦·文言》和《吕氏春秋·应同》都有“同声相应，同气相求”之类的思想。《吕氏春秋》首先

① 详细考证，参见《董学探微》，北京，北京师范大学出版社，1989。

将同气相应用于说明朝代更替的征兆，“凡帝王者之将兴也，天必先见祥乎下民。黄帝之时，天先见大寅大蝼，黄帝曰‘土气胜’。土气胜，故其色尚黄，其事则土。及禹之时，天先见草木秋冬不杀，禹曰‘木气胜’，木气胜，故其色尚青，其事则木。及汤之时，天先见金刃生于水，汤曰‘金气胜’。金气胜，故其色尚白，其事则金。及文王之时，天先见火，赤乌衔丹书集于周社，文王曰‘火气胜’。火气胜，故其色尚赤，其事则火。代火者必将水，天且先见水气胜，水气胜，故其色尚黑，其事则水。水气至而不知，数备，将徙于土”(《吕氏春秋・应同》)。这里也吸纳了邹衍的五德终始说。秦始皇不怎么相信天命论，但他相信五德终始说，认为自己是得了“水”德，水的颜色尚黑，数尚六，因此，秦始皇在制度上做了一系列的规定，如旗帜、服饰用黑色，车轴长六尺。由于秦朝很快灭亡，天命论又反弹了回来，西汉一些思想家认为秦始皇灭亡的原因有不信天命，不施仁义，封建制改为郡县制，好大喜功，贪欲无度等若干条。西汉第一位大儒陆贾在《新语・明诫》中说：“治道失于下，则天文变于上；恶政流于民，则虫灾生于地。”当时，天人感应、灾异谴告的思想都已经有了萌芽。汉初的刘邦、吕雉、汉武帝等人都有天人感应的思想，并在政治活动中有所表现。例如刘邦有病，不肯就医，说他自己的命是由上天决定的，医生如何能改变天意。吕雉在刘邦死后，任用吕氏家族的人，垄断了朝廷上下要害部门，排挤刘氏家族。当时发生一次日食，吕雉很紧张。根据阴阳学说，日食是阴侵犯阳。吕雉是个妇女，属阴，在朝廷擅权，正是阴侵犯阳。根据天人感应理论，天文变化是上天对政治的态度，日食是大灾异，表明上天对当时政治的严厉谴责，谴责女人居然在朝廷擅权。吕雉对别人说："此为我也。"(《史记·吕后本纪》)日食是上天针对我的。男女分阴阳，君臣也分阴阳。君为阳，臣为阴。赏罚也分阴阳。赏，大家高兴，属阳；罚，悲哀痛苦，属阴。德为阳，刑为阴。因此，汉文帝时也曾经发生日食，当时并没有皇后干政擅权的问题，那就可能在别的方面出现了毛病。汉文帝小心行政，不知哪儿有问题，赶紧下诏，承认错误，承担责任："人主不德，布政不均，则天示之以灾，以诫不治。"然后，他向广大贤良征求意见，"举贤良方正能直言极谏者，以匡朕之不逮"(《史记·孝文本纪》)。他希望敢直讲真话的人，给他指出缺点错误，指出他的不足之处，以便他更正。我想当时的汉文帝是相信天人感应的，是真心诚意征求批评的。有天命论或天人感应论在那儿，对皇帝的精神有抑制作用，对皇权也有制约作用。文、景盛世与此不无关系。

汉武帝对汉初的天人感应说有点怀疑，提出策问："三代受命，其符安在？灾异之变，何缘而起？"(《汉书·董仲舒传》)夏、商、周三代受命，他们的瑞符在哪儿？历代灾异的出现都是怎么产生的呢？董仲舒对策是：

> 臣闻天之所大，奉使之王者，必有非人力所能致而自至者，此受命之符也。天下之人，同心归之，若归父母，故天瑞应诚而至。《书》曰："白鱼入于王舟，有火复于王屋，流为乌"，此盖受命之符也。周公曰："复哉复哉。"孔子曰："德不孤，必有邻"，

> 皆积累德之效也。及至后世淫佚衰微，不能统理群生，诸侯背畔，残贼良民，以争壤土，废德教而任刑罚。刑罚不中，则生邪气；邪气积于下，怨恶畜于上。上下不和，则阴阳缪戾而妖孽生矣。此灾异所缘而起也。(《汉书·董仲舒传》)

天要让谁当王，是自然而然的，人是无能为力的，这就是"受命之符"。天下人都同心归向它，天的瑞祥就相应天下人的诚心而到来，例如《书》中所载的(商汤时)白色的鱼跳入汤的船，(周文王时)有火落在文王的屋顶上，变成红色的乌鸦。这些都是"受命之符"。这都是不断积累善德的结果。后世君主贪图享受，又不能统理百姓，诸侯背叛，驱逐人民投入战争来争夺土地，不进行道德教化，只用刑罚。刑罚使用不当，就产生邪气。人民中积累邪气，对官方的埋怨和厌恶也在积累。官民不协调，阴阳就会混乱，而产生妖孽。这就是灾异所缘起。

董仲舒对策又说：

> 臣谨案《春秋》之中，视前世已行之事，以观天人相与之际，甚可畏也。国家将有失道之败，而天乃先出灾害以谴告之，不知自省，又出怪异以警惧之，尚不知变，而伤败乃至。以此见天心之仁爱人君而欲止其乱也。自非大亡道之世者，天尽欲扶持而全安之，事在强勉而已矣。(《汉书·董仲舒传》)

董仲舒提出《春秋》。《春秋》是孔子根据古史编的政治书，有很高的权威性。在尊古卑今、厚古薄今的时代，利用《春秋》讲道理，就更有说服力。董仲舒说自己认真考察了《春秋》中所记载的前世已经做过的事情，来看天与人相互作用的关系，是很可怕的。一个国家将要发生失道的败坏时，天就先发出灾害来警告它，这个国君如果不知道反省，天就会发出怪异现象来恐吓他，如果还不知道改变，那才会达到伤害败亡。由此可以看出，天对人君是仁爱的，想帮助人君防止祸乱。只要不是十分无道的世代，天都要给以扶持，使他安全。这事就在君主的勤勉。也就是说，如果君主勤勉地为人民做好事，那么上天一定会扶持他，他就可以平安地做君主，相反，如果君主不勤勉政事，贪图享受，那么，上天就会使他家破国亡，身败名裂。实际上，虽说天命，天人感应，君主的命运还是掌握在自己的手里，兴衰成败，仍然由君主自己决定。这一招自然也很厉害，君主要承担一切责任，无法推卸。

天人三策，董仲舒提出了天人感应说的主要内容，借助于《春秋》的权威，适应了当时社会的需要，产生了一定的影响。后来，他退休在家，又加以思考，使天人感应说更加完善了。这就是他的《春秋繁露》一书。

第一，董仲舒提出宇宙模式，就是天有十端说，十端是：天、地、阴、阳、木、火、土、金、水、人。他说："天有十端，十端而止已。"(《春秋繁露·官制象天》)"天、地、阴、阳、木、火、土、金、水，九，与人而十者，天之数毕也。"(《春秋繁露·天地阴阳》)

第二，他认为天地生万物。他说："天地之气，合而为一，分为阴阳，判为四时，列为五行。"(《春秋繁露·五行相生》)天地之气派生阴阳五行，阴阳五行化生万物。人也是天地生的，而且是天的骄子。“天者万物之祖，万物非天不生。”(《春秋繁露·顺命》)“为人者，天也。”(《春秋繁露·为人者天》)“人之超然万物之上，而最为天下贵也。”(《春秋繁露·天地阴阳》)

第三，天人同类感应。董仲舒认为天生人，人象天，“以类合之，天人一也”(《春秋繁露·同类相动》)。天人同类，同类相动，因此，天人相感。人们从共振现象概括出同类相动，董仲舒用这个道理为根据来论证天人感应说。

第四，天人相感，为什么都看不见？董仲舒列举许多同类相动的现象，如把不同的琴瑟摆在那里，“鼓其宫，则他宫应之；鼓其商，而他商应之”。音调相同的琴瑟会感应自鸣，“非有神，其数然也”。天将阴雨，人欲睡卧，这是阴气相感。鸡到天将明，都相互鸣叫。美事招美害，恶事招恶类。总之，物本来就有“以类相招”的本性。弹这把琴上的宫调，那把琴上的宫调也自动响起来，这是同类相动，“其动以声而无形，人不见其动之形，则谓之自鸣也。又相动无形，则谓之自然。其实非自然也，有使之然者矣。物固有实使之，其使之无形”(《春秋繁露·同类相动》)。感应是看不见的，但它是确实存在的。所谓自鸣、自然都不是独立自然的，都有相互作用的东西，只是这种作用是无形的，没有被人们所发现、所认识而已。

第五，同类相感有中介物，天人相感的中介物是阴阳五行之气。弹宫而宫应，弹商而商应，中介物是声音。声音是无形的，所以看不见，人以为是自鸣的。天与人之间的中介物是阴阳五行之气，这种气充满空间，人在气中，就像鱼在水中，不知道自己周围充满了气，空间好像是虚空的，其实是充满气的、实的。他说："天地之间，有阴阳之气，常渐人者，若水常渐鱼者也。所以异于水者，可见与不可见耳，其澹澹也。然则人之居天地之间，其犹鱼之离水，一也。其无间，若气而淖于水。水之比于气也，若泥之比于水也。是天地之间，若虚而实，人常渐是澹澹之中，而以治乱之气，与之相流通相淆也。"(《春秋繁露·天地阴阳》)"渐"在这里是浸的意思。这里提到气是"无间"的。鱼之离水，这里的离，不是离开的意思，相当于"丽"，是附着、接触的意思。《诗经·渐渐之石》载："月离于毕，俾滂沱矣。"月接近毕宿时，天就将下大雨。《周易·离卦·彖》载："离，丽也。日月(星辰)丽乎天，百谷草木丽乎土。"星辰，据王充《论衡·说日篇》校补，两句同为七言，于文为顺。

第六，天人感应，宁可信其有，不可信其无。说的道理太多，人们对天人感应仍然持怀疑态度，根据当时人的理性，不能使人相信天人感应。董仲舒举出当时人们尚未认识的十种现象，都是奇怪的，人们还理解不了的现象。董仲舒认为，大家都不理解而又确实存在的现象，对人们有利还是不利，也无法知道，那是十分可怕的。有些现象为当时人所观察到，但还无法解释的现象，对人有利还是有害还不清楚，因此也是很可怕的。盲目性是可怕的。盲人骑瞎马，夜半临深池，危险性就在于盲目性。

董仲舒的可贵在于承认事实，对于这些奇怪现象，自己解释不了，没有妄加否定，承认奇怪现象的存在，承认"非人所意"，而且提出这些现象对人有利有害还不清楚。到此为止，董仲舒都是正确的态度，符合唯物论原则。再前进一步，应该提倡对这些现象的深入研究，即使一时得不出正确的结论，科学探索的方向也是正确的。但是，董仲舒根据“非人所意”的奇怪现象，来证明孔子“畏天命”，来证明“天者百神之大君”，敬天之必要。他讲这些现象，就是为了论证天人感应说。

第七，利用阴阳五行讲灾异劝当政者。在《春秋繁露》中有论阴阳的五篇，论五行的九篇。以阴阳五行讲天人感应、灾异谴告，占相当大的篇幅。例如讲阳尊阴卑时，以天、君、父为阳，为尊，地、臣、子为阴、为卑，因此，“孝子之行，忠臣之义，皆法于地也。地事天也，犹下之事上也”(《春秋繁露·阳尊阴卑》)。“是故《春秋》君不名恶，臣不名善。善皆归于君，恶皆归于臣。”任何荣誉都要归于国君，任何罪过都要臣子承担。臣子做一件事，做好了是应该的，是托皇帝的洪福；做坏了，则是自己的失误。这当然是为国君树立权威的说法，这种说法用于维护君权，维护大一统政权，维护正常的稳定的社会秩序。事情总有两方面。维护了君权还要对君权有所限制。这就是从另一方面来维护君权。为国君者，要法自然，要以德配天。他说：

夫王者不可以不知天。知天，诗人之所难也。天意难见也，其道难理。是故阴阳入出实虚之处，所以观天之志；辨五行之本末、顺逆、小大、广狭，所以观天道也。天志仁，其道也义。为人主者，予夺生杀，各当其义，若四时，列官置吏，必以其

能，若五行；好仁恶戾，任德远刑，若阴阳。此之谓能配天。（《春秋繁露·天地阴阳》）

当政的王者不应该不知道天，天又是难知的。通过阴阳出入虚实的变化来观察天志，通过五行的性能、生克来观察天道。根据阴阳变化，王者在行使授予、剥夺、赏赐、诛杀时要适时恰当，像寒暑四季变化那样。设置官吏，必须知人善任，像使用五行那样。王者要好仁恶恶，常施德政，讨厌残酷，尽量远离刑罚，像阴阳那样。这些都做好了，王者才可以说“能配天”。

天志、天意，都是可以从各种灾异中解说出来的。例如，“土干火，则多雷；金干火，草木夷；水干火，夏雹；木干火，则地动”（《春秋繁露·治乱五行》）。雷震多，就是“土干火”。土干火，可以有多种解释。据《五行顺逆》载，水主成长，“举贤良，进茂才，官得其能，任得其力，赏有功，封有德，出货财，振困乏，正封疆，使四方”。土是“君之官”。官是指功能、作用的意思。土的功能与国君的职能相似。土干火，就是国君干扰、妨碍了选举贤良，用人不当。也就是说，打雷多，皇帝就要考虑一下，在选举和任用方面有没有不妥之处。这些说法，用现代的眼光来看，都是一派胡言，而在古代社会，皇帝还能比较认真地听取，并能采取一些政治措施来协调阴阳五行的关系。

总之，董仲舒系统论证了天人感应说，形成了完整的思想体系，为后代官员向皇帝进谏提供了实用的理论武器，为制约皇帝权力、稳定社会起了一定的作用。这种思想体系，就是神道设教的体系。

神道是外在的唯心神学形式，“教”才是真正的内容。这些内容基本上是现实的，是来自于社会生活的。

3. 大一统论与凝聚力

大一统，最先出现于《公羊传》。《公羊传》在解说《春秋经》“隐公元年春王正月”时说：

“元年”者何？君之始年也。“春”者何？岁之始业。“王”者孰谓？谓文王也。曷为先言“王”而后言“正月”？王正月也。何言乎“王正月”？大一统也。

元年是指国君登基的第一年。春是一年的开始。王指周文王。为什么先说“王”后说“正月”呢？这是说周文王历法的正月。为什么要用周文王历法的正月呢？这是大一统。这里所说的“大一统”，首先是指统一历法。其次，大，可以理解为重视，视某物为大，那么，大一统可以理解为重视统一历法，即孔子重视使用统一的历法。最后，从使用统一历法推出，孔子是主张政治统一的。先秦历法有古六历，分别是黄帝历、颛顼历、夏历、殷历、周历、鲁历。孔子不用鲁历，而用周历，说明他尊崇周朝的中央地位，也反映他对统一政治的倾向。

董仲舒根据《公羊传》的“大一统”作了发挥。他在对策中说：

《春秋》大一统者，天地之常经，古今之通谊也。

天地指空间，古今指时间。天地古今，古人称宇宙，佛教称世界。董仲舒把“大一统”称为宇宙普遍存在的根本法则。在这里，大，已经不能解释为重视，而是作为广大的意思，与一统组成一个特殊词组。把“大一统”看作宇宙普遍法则，不是《春秋》和《公羊传》的明确思想，而是董仲舒借《春秋》的名义发挥出来的思想，是他的重要政见。

后来，董仲舒对“春王正月”作了进一步解释。他说：“置‘王’于‘春’、‘正’之间，非曰‘上奉天施而下正人，然后可以为王也’云尔。”(《春秋繁露·竹林》)王介于天人之间，起着联系的作用。他又说：“《春秋》之法，以人随君，以君随天。”换一个说法就是：“故屈民而伸君，屈君而伸天，《春秋》之大义也。”(《玉杯》)“唯天子受命于天，天下受命于天子。一国则受命于君。”(《为人者天》)董仲舒把“春王正”变成社会的三个层次：天、王、人。王即天子、皇帝。人即天下之民，泛指天子以外的所有人，包括各诸侯王、各级官员和普通百姓。人受命于天子，服从天子的命令。天子受命于天，顺从天的命令。

上天的命令，就是天命，天命的内容是什么？天有什么意思？董仲舒就用阴阳五行学说解释灾异现象来探讨天意，这种天意自然是儒学家根据儒学理论附会出来的。我们认为，儒家所谓天意，实质上都是儒学思想。因此，董仲舒所谓“以君随天”，“屈君伸天”，“天子受命于天”，都是要求封建皇帝接受儒学的指导。

王，只有皇帝一个人，由于权力极大，地位特殊，作为一个社会层次。

人却是非常复杂的，上有卿相大夫、诸侯国王，中有各级官员，下有平民百姓。平民百姓中有父子、夫妻、兄弟、朋友诸种复杂关系。董仲舒用父为子纲、夫为妻纲，把小到封建社会的细胞——家庭都树立了中心，再把各家庭统一于为民父母的各级官员，再统一于皇帝一人身上。这就实现了全社会的政治大一统。社会形成一个整体，单个人是无法破坏这种统一的，只有那些盘踞一方的诸侯王有条件闹独立，搞分裂割据。吴楚七国之乱就是破坏统一的现象，因此，董仲舒所谓“屈民而伸君”，所要屈的不是平民百姓，而是各地诸侯王。而且这种政见正是从吴楚七国之乱的教训中引申出来和总结出来的。

董仲舒又认为思想统一是政治大一统的基础。思想统一到哪儿去？上面提到儒学思想代表天意，思想自然要统一到儒学那里去。董仲舒在对策中说：

> 今师异道，人异论，百姓殊方，指意不同，是以上亡以持统一，法制数变，下不知所守。臣愚以为诸不在六艺之科，孔子之术者，皆绝其道，勿使并进，邪辟之说灭息，然后统纪可一而法度可明，民知所从矣。

师异道，人异论，百姓殊方，指意不同，讲的是百家争鸣。按百家议论，同志者有时按甲家定法制甲，有按乙家定法制乙，百家议论不同，法制常变，使百姓不知道如何是好，造成思想混乱。从《吕氏春秋·不二》等篇来看，同志者早已有了统一思想的愿望。《不二》篇称“一则治，异则乱。一则安，异则危。”《执一》篇又称：“王者执一，天子必执一。”作为统治思想，是必须统一的。这是政治的根本思想。政治的根本思想统一了，社会才能正常运转，保持稳定的局面。政治的思想一旦改变，社会就会大动荡，就要进行社会大改革或革命。政治的根本思想在一个国家中不允许是多元的。根本思想确立之后，在不违背根本思想的前提下，对于特殊情况，可以采取特殊的方式处理事情，或者实行特殊制度、特殊政策。在汉代，董仲舒提出独尊儒术，把全国思想统一于儒学。儒学原则就成了当时政治的根本思想。儒学产生于分封制时代，而在汉代也采纳了秦朝的郡县制，同时保存一部分分封制。但不影响儒学根本思想的权威地位，也不影响在全国政治中推行儒家的思想原则，即仁义之道。

政治实践证明，分封制度下的诸侯国容易搞独立活动，诸侯国各自独立，全国就会出现分裂、割据的局面。甚至有些比较大而富强的诸侯国还想叛乱、夺权。欧洲那些国家就是由于过去没有统一的政治力量和统一的权威思想，才留下至今分散为几十个国家。中国从秦汉开始，历代统治者都强调统一，而且深入人心，因此能保持统一大国的局面。一旦有分裂的危机就群起反对。在各种条件的逼迫下，不得已分裂了，中国人还都追求统一。东晋祖逖率军渡河北伐，虽然未能成功，临死还大喊“渡河”。南宋诗人陆游有“王师北定中原日，家祭无忘告乃翁”的诗句，反映了统一祖国的强烈愿望，虽然知道“死去原知万事空”，还对祖国不能统一感到极度悲哀。祖国统一成为中华民族魂。全民族都为统一而奋斗。谁搞分裂会成为历史的罪人，提倡统一的则是民族的功臣。这些都是董仲舒提倡大一统，独尊儒术给中华民族奠定的灵魂。董仲舒也因此成为中国历史上影响最大的思想家之一。

政治大一统，有利于维护统一大国的局面。思想大一统，有利于统一思想，增加民族凝聚力，突显民族精神的特色。同时，思想大一统也有一些弊端，限制了主流思想之外的各种所谓“异端”思想，使思想界失去百家争鸣的活泼局面。另外，政治家强化主流思想，在民众中也会导致逆反心理，并使原有较多合理性的活泼的主流思想僵化，被歪曲成实用主义的工具。

凡事都是利弊相连、功过并存的。利大还是弊大，功过孰多，要由实践来说话。由于董仲舒大一统论的深刻影响，中国始终维持统一的大国局面，分开了仍要再合。中华民族精神有极强大的凝聚力、向心力和同化力。从历史上看，太平盛世如文景之治、贞观之治都是出现在统一大国的时代，分裂时期难有这种景象。中国与周边国家相比，在两千年中一直处于天朝地位，无论在文化、科技、经济诸方面，都是各国不可企及的高水平。从总体上分析，大一统论对中国的影响，利大于弊，功大于过。

4. 承前启后，继往开来

董学是政治哲学，它是用天人感应的神学形式包装起来的政治哲学。它的核心内容是大一统论。大一统论包括两个方面：一是政治统一，一是思想统一。政治统一，一方面“屈民而伸君”，要求全国臣民服从皇帝；另一方面“屈君而伸天”，要求皇帝服从上天。上天是什么？上天有什么命令？这就由儒家来解释。儒家总是以儒学来解释天命。皇帝服从天命，实际上就是服从儒学；思想统一，就是罢黜百家，独尊儒术。儒家在先秦是百家之一，到汉代登上了独尊的地位，并且从此以后，儒学在中国两千多年的政治思想中一直居于指导地位，深深地渗入中华民族，成为中华民族精神的主干。从这种意义上说，孔子创立了儒学，而董仲舒以儒学奠定了中国魂。思想统一和政治统一是一致的，都统一于儒学。这是董学对儒学的贡献，也是董学对中华民族的贡献。简单地说，董学的历史地位，董学为儒学从诸子升为独尊角色起了关键作用，为儒学成为中华民族精神的主干作了奠基工程。

今以一副对联来概括董仲舒的历史地位：

上承孔子，下启朱熹，始推阴阳，为群儒首；

前对汉武，后相江都，初倡一统，罢百家书。

第六课　汉唐经学

1. 经学是独尊儒术的结果

经学是怎么产生的？汉朝统治者经过几十年的当政实践，选择了儒学作为指导思想，给予其独尊的地位，并从儒家中选拔大批人才参加政府工作，充当政府官员。由于儒学对于处理人际关系有其长处，也由于这种利禄的引导，士人读经成为一个成功立业的重要途径，使得整个社会都极端重视学习经书。于是经书教育机构得以普遍成立，有条件的年轻人都到那里去学习。著名的经师在当时非常受欢迎，学生众多。董仲舒在汉景帝时代就当了博士，他的弟子很多，先来的弟子教后来的弟子，因而有的弟子都没见过董仲舒。全国经学教师只讲五本经书，于是就产生分歧，逐渐形成了专门的学问，即经学，这是中国特殊的学问。

2. 五经简介

汉代的“五经”就是指儒家典籍《诗》、《书》、《礼》、《易》、《春秋》。

《诗》就是现存的《诗经》。司马迁说：“古者诗三千余篇，及至孔子，去其重，取可施于礼义，上采契、后稷，中述殷、周之盛，至幽、厉之缺，始于衽席……三百五篇，孔子皆弦歌之……”古代有三千多篇诗，孔子去掉重复的，选择了其中符合礼义的三百零五篇，创作时代从殷商、西周至周幽王、周厉王时期，这些诗篇都可以吟咏歌唱。孔了认为这些诗反映的都是真情实感，他说：“《诗》三百，一言以蔽之，曰：思无邪。”(《论语·为政》)

《诗经》分四部分：《风》、《小雅》、《大雅》、《颂》。《风》分十五国共计一百六十篇，以《关雎》为首篇。《小雅》八十篇，其中六篇有目无文，实存七十四篇。《大雅》三十一篇。《颂》分《周颂》、《鲁颂》、《商颂》，共计四十篇。解说《诗经》的有毛、齐、鲁、韩四家，毛属于古文学派，其他三家都是今文学派。现在收在《十三经注疏》中的是《毛诗正义》。今文学派的齐、鲁、韩三家，仅存《韩诗外传》。韩指燕人韩婴，西汉文帝时任博士，著《内外传》数万言，《内传》失传。《韩诗外传》能流传两千年，其具有的文化价值是不言而喻的。《诗经》的内容是古代人民情感的表达，对统治者既有歌颂，也有批评，还有反映当时民间疾苦和喜怒哀乐情绪的。这是抒发感情、可以吟咏歌唱的艺术作品，算是中国最古老的文艺作品，也是儒家的文艺教材。

《书》即《尚书》，“上纪唐虞之际，下至秦缪，编次其事”。将尧舜时代到秦缪公时代的典章汇编成书，上古之书，即《尚书》。“尚”，就是上的意思。这是记载历史的事情，因此是儒家历史学教材。《尚书》因为其古老，在流传过程中有所变化，现在学术界认为有三种版本：一是汉朝时立于学官的《今文尚书》，是那时博士在太学所使用的教材；二是汉代孔安国从孔子宅壁中发现的《古文尚书》；三是东晋梅赜所献的伪《古文尚书》。现在在《十三经注疏》的《尚书》是《今文尚书》和《古文尚书》的混合品。伪《古文尚书》包括《大禹谟》、《五子之歌》、《胤征》、《仲虺之诰》、《汤诰》、《伊训》、《太甲》(上、中、下)、《咸有一德》、《说命》(上、中、下)、《泰誓》(上、中、下)、《武成》、《旅獒》、《微子之命》、《蔡仲之命》、《周官》、《君陈》、《毕命》、《君牙》、《冏命》等二十五篇。这些伪篇是清代学者阎若璩考证出来的。作伪者也是“根据古义”编撰的，“非尽无稽”(《四库全书总目·〈尚书正义〉提要》)。这个版本虽为学术界多数人所认可，也有不赞成的声音，清代学者毛奇龄作《古文尚书冤词》予以反驳，日本也有学者认为这一版本的《古文尚书》不是伪作。

《礼》包括《周礼》、《仪礼》和《礼记》，又称“三礼”。《周礼》又称《周官》，包括《天官冢宰》、《地官司徒》、《春官宗伯》、《夏官司马》、《秋官司寇》、《冬官司空》六篇。《冬官司空》亡佚，取《考工记》补，故称《冬官·考工记》。《仪礼》十七篇，有戴德、戴圣和刘向三个版本。《礼记》有戴德编的《大戴礼记》和戴圣编的《小戴礼记》两种版本。现存《十三经注疏》中，《仪礼》用的是汉代郑玄注、唐代贾公彦疏的《仪礼》，并作了综合整理。《礼记》用的是《小戴礼记》本。这个版本内容多，包括朱熹《四书集注》中收入的《大学》和《中庸》两篇重要文章都出自这个版本，还有讲“小康”和“大同”的《礼运》也在其中，这都是很有影响的内容。《十三经注疏》不收《大戴礼记》。《大戴礼记》也有一些重要的内容，如关于《曾子》的一些文章，还有保存最古老的历法书《夏小正》。

《易》即《周易》，包括《易经》和《易传》。传统的说法，伏羲画八卦，用阴爻(－－)和阳爻(－)互相搭配，形成八个不同的图象，就是八卦。八卦的名称分别是乾、坤、震、巽、坎、离、艮、兑，分别代表天、地、雷、风、水、火、山、沼泽。后来周文王演易，将两卦重起来，排出不同的图象六十四个，就是六十四卦。这六十四卦各有名称，又加上说明。这种说明文字，就是卦辞。对卦象、卦辞进行解释，称为传。最早的易传有七种十篇，即《彖》(上、下)、《象》(上、下)、《文言》、《系辞》(上、下)、《说卦》、《序卦》、《杂卦》，合称《易大传》，或称“十翼”，据说是孔子撰写的。因此说“易历三圣”：伏羲画卦象，周文王系辞，孔子作传。《史记·孔子世家》

载:“孔子晚而喜《易》,序《彖》、《系》、《象》、《说卦》、《文言》。”这说明在两千多年前的汉代,史学家司马迁认为孔子著《易传》中的《彖》(上、下)、《系辞》(上、下),《象》(上、下)、《说卦》、《文言》,没有提到《序卦》与《杂卦》。司马迁提到的是孔子所著,我们没有理由推翻。司马迁没有提到的,是否孔子所著,我们也不能肯定。《论语·述而》载:“子曰:‘加我数年,五十以学《易》,可以无大过矣。’”还有关于孔子读《易》“韦编三绝”的记载。出土文物也有关于孔子与弟子讨论《周易》的内容。

《春秋》原是鲁国记载史事的书,叫《史记》或《鲁春秋》。后经孔子修改成《春秋》,加进去孔子的政见。《春秋》是从鲁隐公元年(公元前722年)开始,写到鲁哀公十四年(公元前481年),共二百四十二年,写了鲁国十二公,以鲁国的历史纪年,涉及当时的天下大事,可以看作那一时期的历史。史家将这一时期称为“春秋”。孔子对《春秋》极为重视,说“后世知丘者以《春秋》,而罪丘者亦以《春秋》”。就是说后代人赞扬他是因为《春秋》,批评他也是因为这本《春秋》。按现代的说法,《春秋》是孔子的代表作,其他经典都是他继承前人的优秀文化成果。只有《春秋》是他利用一般的鲁国《史记》改成表达他思想的。解释《春秋》的有《公羊传》、《穀梁传》和《左传》,合称“春秋三传”。这些传也相当权威,到清代也都收入《十三经注疏》,成为儒家的“经”。关于儒家经典,狭义就是指汉代的“五经”,广义则指清代的《十三经注疏》,此外都不是经。《十三经注疏》包括《周易》、《尚书》、《诗经》,“三礼”、“春秋三传”、《论语》、《孝经》、《尔雅》、

《孟子》。从“五经”到“十三经”的发展过程中，也曾经出现“七经”(“五经”加《论语》、《孝经》)、“九经”(《易》、《书》、《诗》、“三礼”、《春秋》、《论语》、《孟子》)、“十经”、“十一经”、“十二经”等。《孟子》到宋代以后才入经，《荀子》从未入经。因此不能说先秦儒家典籍都是经典，虽然有的典籍也颇有影响。汉代以后的大儒名著也都不入经，包括董仲舒的《春秋繁露》和朱熹的《四书集注》。

3. 汉代经学

独尊儒术以后才有经学，经学是中国传统文化所特有的现象。中国远古时代就尊崇上天，称为天命，认为天命主宰整个世界，包括自然界和人类社会。天命的意思只有圣人知道，圣人代表上天说话。圣人死后，思想就保存在他们的著作中。他们的著作就是经。因此，这些经就是圣人的思想，上天的意思，具有极高的权威性。从天子到平民百姓都相信经书上的每一句话都是正确的。研究这些经，小可以修身、齐家，大可以治国、平天下。研究过程中形成一门专门的学问，就是经学。

统治者独尊儒术，就要选精通儒家经典的人当官，这就自然产生明经取仕。公孙弘就由于研究《春秋》而从平民当上了天子三公，封平津侯。在那个时代，学习好经书，做官就非常容易。当时有一位经学教师对学生说："士病不明经术，经术苟明，其取青紫，如俯拾地芥耳。"(《汉书・夏侯胜传》)大意是：读书就怕不理解经书中的思想，如果理解透彻了，那么，想当太尉、御史大夫之类的大官，就像弯腰从地上拾取土芥那样容易。所以社会上流传这样的说法："遗子黄金满籯，不如一经。"(《汉书・韦贤传》)意思是留给子女黄金一筐，不如教子女学会一本经书。有一个学者叫桓荣，他由于通经，当了少傅，得到皇帝很多赏赐。他将皇帝赏赐的车马印绶陈列出来，请朋友与学生来参观，并且说："今日所蒙，稽古之力也。"(《后汉书・桓荣传》)即今天所得，都是靠读古代经典。朝廷官员经常讨论政治问题，都要引经据典。只有精通经典，才能灵活运用，才有说服力。有时因为经学水平不同，还要经过争论来排座次。例如，有一次，东汉光武帝召集一次学术讨论会。按古代的规矩，在宗族集会上，序齿排辈，按辈分和年龄来排座次，在朝廷上则按官阶品级来排。那次学术会议的座次，也是按官阶品级来排。当时有一个叫戴凭的人不肯入座。光武帝问他为什么站着不坐，戴凭说："有些人解经水平不如我，却坐在我的前面，所以我不入席。"光武帝说："你看谁不如你，你就找他辩论，他辩输了，你就夺他的座位。"光武帝也让别的官员都可以通过辩论夺他人的座位。许多人提出经书中的问题，戴凭都能解说。他提的问题却难倒了许多人。那一天，戴凭共夺了五十多个座位。这个学术会议按学术水平排座次，是别开生面的。总之，儒家经书成了汉代社会的灵魂。经学成了当时的时代精神。

前面提到的朱买臣，就是很穷的书生，由于刻苦读书，精通经书，后来当上了大官。那时读儒家经典而当上官的人很多，特别是元帝以后，“公卿之位未有不从经术进者”(皮锡瑞：《经学历史》)。

一个学派成为权威以后，必然要出现一些过分的情况。儒家独尊以后，也出现了几种不正常的现象。

一是烦琐注经。汉代立几本经书，天下之大，学者之多，都集中研究几本经书，一章一句地解说，所谓“章句之学”。一个教师有一种说法，叫作“师法”。教师的说法能够成一家之言，又叫“家法”。学生首先要学会师法，然后再加上自己的理解，来注释经书，代代相传，经书的注，越来越多，越注越复杂。夏侯建是研究《尚书》的，宣帝时立于学官。夏侯建解说《尚书》，内容可能不太多，他传授给张长宾，张长宾又传给秦延君。秦延君注解《尚书》“增师法至百万言”(《汉书·儒林传》)。桓谭说，泰近(延)君解说《尚书》中《尧典》篇目两个字，就注了十余万言，只注“曰若稽古”四个字，也用了三万言(《汉书·艺文志》)。这类现象相当普遍，“说五字之文，至二三万言”(同上)。而且这种趋势日益严重。一个人从幼童入学，只学一本经书，到头发白了，才能解说，所谓“皓首穷经”。“幼童而守一艺，白首而后能言”，“此学者之大患也”(同上)。

二是异化。儒学独尊以后，几部儒家经典具有极高权威，任何言行都要以儒家经典上说的为最高标准。思想成为如此权威以后，就会产生异化。真精神被掩盖了，书中的文字变成教条。一种情况是，创新思想受到严重挤压。但是创新思想是压不住的，要用其他各种方式，甚至借用经书展示出来。今文经学家采用“六经注我”的方式，以阐明经书中的“微言大义”为借口，阐发自己的思想。例如在《春秋经》开头一句：“隐公元年春王正月。”《公羊传》的解释是：隐公即位第一年，按周历的第一个月。董仲舒从此引出许多说法：“王”是君王，“春”是天，天在王上。天之上还有“元”，“元”存在于天之前。“正”是政，也就是统治人民的意思。从此引出，王者必须上顺天意，下教人民。“元”在天地之前，是开始。称第一年为“元年”，就表示重视开始，重视根本。从此引出大一统说法，认为《春秋》强调大一统，大一统是宇宙间最普遍的法则。董仲舒这些思想是他自己研究出来的，如果说是他的想法，没有人相信，他要把这些想法与《春秋》相联系，并且说成是天意，这样才具有权威性，别人才会相信，特别是像汉武帝那样有雄才大略的君主才会认真考虑这种意见。另一种情况是出现纬书。纬书，采取经纬这个说法，将自己的思想与经书相联系，称为纬书。有的说是注解经书，有的根本看不出与经书有什么联系。对每一种经，都编撰一批纬书，例如与《周易》经相对应的有《易纬》，其中包括《易乾坤凿度》、《易乾凿度》、《易稽览图》等十多种。与《春秋》经相对应的有《春秋演孔图》、《春秋元命苞》、《春秋文耀钩》等十三种。权威过度，就必然产生迷信，孔子“不语怪力乱神”，而纬书却有很多“怪力乱神”的内容。

三是内部分裂。诸子争鸣，儒家与其他家矛盾很大。儒家独尊以后，诸子无力与其抗争。诸子有合理性的思想，都被儒家所吸取。结果在儒家内部形成不同的派别，展开斗争。由外部矛盾变成了内部矛盾。汉代儒家有许多派别，可以说，每一种经都有不同的“传”。

“传”就是指阐释发挥经书的思想，相当于现代的注释，例如《春秋》经，就有《公羊传》、《穀梁传》、《左传》，都是解释《春秋》经的书，成为三个派别，它们的说法有同有异。从大的分，可以分成两大派：今文经学和古文经学。今文经学家认为孔子是政治家，认为“六经”是指导政治的学说，所以重视“微言大义”，经常结合现实讨论经学，主张天人感应说。缺点是臆解经文，以合己意，曲解附会。古文经学家认为孔子是史学家，“六经”是孔子整理古代史料的书，所谓“六经皆史”。所以偏重于名物训诂，着重于考证，希望恢复古史的真面目。缺点是烦琐。前者是哲学家，“六经注我”；后者是史学家，“我注六经”。今文经学以《公羊传》为经典，专家以董仲舒和何休为代表；古文经学大家以《左传》为经典，专家以刘歆、贾逵为代表。今文经学盛行于西汉，古文经学盛行于东汉。东汉后期，今文经学和古文经学开始融合，郑玄融会两家说法，取长补短，遍注群经，自创一家之言，成为两汉注经的集大成者。

4. 纬 书

经书确立以后，其他诸子的书就不能在平等的地位上跟儒家思想进行争鸣。这样就出现了新的现象，即其他诸子的思想通过各种方式渗入儒家体系。一是用注解经书的办法，从微言中发现大义；二是用编写纬书与经书相对应的办法来阐述新思想。例如，《春秋经》就有相对应的《春秋纬》，《易经》、《乐经》、《孝经》，连《论语》也都有"纬"。经学发展到了登峰造极的地步，还要继续上升，结果就升华了，出现了"纬书"。纬书兴盛一段时间，后来就衰弱了，现在保存下来的资料极少。从这些极少的内容中，我们可以看到一些重要科学成果，如"地有四游"说，《尚书纬·考灵曜》说春夏秋冬四季，是大地各游到某一处，人之所以感觉不出来，就像坐在大船中，关上窗户，船在行驶，人也感觉不出来一样。这明确地表达了地作为一个整体，在不断移动的过程中，一年四季各到一处，与西方所谓地球公转运动极为相似，但它与《尚书》经书毫无关系。《孝经纬·援神契》中保存的盖天家的七衡六间说和《春秋纬·运斗枢》中的五行相生相胜说，也都与经书无关。说明当时在经书权威的压制下，许多思想只好附会经书行世。有的人说纬书多是注经的内容，是对经书的解释。从现存的材料看，此说难以成立。

5. 唐代经学

在东汉末年，随着汉朝政治的衰败，经学也开始衰落。加上战乱，印度传进来的佛教逐渐流行，又有道教兴起，从魏晋南北朝到隋唐时代，一直处于三教争立的时代。这一段时期内，经学没有太大发展，基本上是固守阵地。唐代有一些经学家，对汉代经书作了一些研究，在注经后面加上疏。《十三经注疏》中第一卷《周易正义》，就是唐代的孔颖达在王弼“注”的基础上进行“疏”的。疏的作用就是对经文与注文，引述更多的资料，进行更加详细的阐发。《尚书正义》、《毛诗正义》、《礼记正义》、《春秋左传正义》也都是唐代孔颖达作的疏。《周礼注疏》、《仪礼注疏》都是唐代贾公彦作疏。《春秋公羊传注疏》是唐代徐彦作疏。《春秋穀梁传注疏》是唐代杨士勋作疏。《孝经注疏》是唐玄宗所注，宋代邢昺疏。《五经正义》都是孔颖达作的疏，还有五书是唐人所注疏。“十三经”中有十经是唐人的注疏，这说明唐代在继承与发展经学方面是有贡献的。

有三位名人，在弘扬儒学方面有较大贡献。一是韩愈，著《原道》，提出儒家的道统，以区别于佛教的法统与道教的道统。他认为儒家的道是仁义道德：“博爱之谓仁，行而宜之之为义，由是而之焉之谓道，足乎己无待外之谓德。”道统是从尧开始往下传的，“尧以是传之舜，舜以是传之禹，禹以是传之汤，汤以是传之文、武、周公，文、武、周公传之孔子，孔子传之孟轲，轲之死，不得其传焉。荀与扬也，择焉而不精，语焉而不详。由周公而上，上而为君，故其事行；由周公而下，下而为臣，故其说长。”这是非常深刻的一段话，被历代许多学者所引用。这个道统在先秦孟子那里就有萌芽，到韩愈这里被确定了下来，成为儒家公认的完整形态的道统的重任。这个道统，提到荀子与扬雄，认为他们选择不精，论述不详，没有真正继承道统。汉代的“儒者宗”董仲舒居然没有进入他的视野。从孟子以后，没有人可以担当传承道统者，韩愈自然认为只有自己能够担当儒家道统的传承。但是，几百年后的南宋朱熹再讲儒家道统时，仍然说从孟子以后没有人能够担当传承儒家道统的重任。其中当然包括韩愈。朱熹所讲的道统，没有说荀子、董仲舒、扬雄、韩愈有哪些不足之处。朱熹也认为只有他自己够格担当儒家道统的传承。从清代孔庙陪祀情况来看，后代儒者重视朱熹，将他请进大成殿，与孔子的其他弟子，同为十二哲的一员，陪祀孔子。荀子、董仲舒、扬雄、韩愈都只是作为历代诸儒在殿前的两庑中有一个牌位，他们对于儒学的贡献得到了后人的肯定，受到后代学者和民众的敬仰。韩愈提出由周公而上，指尧、舜、禹、汤、文、武、周公，都是执政的君王，有权实施自己的主张，所以能够在实际中实行儒家道统。由周公而下，只有孔子与孟子没有君位，没有实权，只是臣子，理论有优长，但是不能在实际中实施，必须说服当政的君王，才能实施自己的主张。他们的理论被后代儒家阐发后，得到君王的重视、采纳，在社会实践中得到部分实现。因此后儒的贡献不可忽视。董仲舒对策得到汉武帝的采纳，促使汉朝独尊儒术，对儒学的传承和发展都起了重大作用。关于社会分工，《原道》中说“君出令者，臣行令者，民出物质财富以事其上”。就是说各有其责，否则失职。

二是柳宗元，他参加改革失败后，被贬谪出京，先到永州当司马，再被贬到柳州当刺史。在贬官的过程中，他有时间看书，并思考古今治乱的问题，他的见解是他的历史知识与现实体会结合的成果，很深刻，给人以启发。他关于政治问题的散文有《捕蛇者说》，生动反映当时税捐逼人冒险捕毒蛇的情况。在《梓人传》中，描述梓人的情况，真实反映了脑力劳动者与体力劳动者的分工与价值。为孟子“劳心者治人，劳力者治于人”的说法，提供了有力的、生动的佐证。他的《天对》回答屈原在《天问》中提出的许多问题，表达了他对社会历史和世界本原之类的哲学问题的看法，特别是对天的认识。他著《天说》，批评韩愈天能赏罚的思想，也批评韩愈认为写历史会招来祸害的说法，对于社会问题的看法有较多的理性。

三是刘禹锡，他在柳宗元与韩愈讨论天的问题时，深入研究，进一步阐发柳宗元的天论思想，写成《天论》三篇，提出天人交相胜的论点，很有见地。他认为在自然界，天是主宰者，人无力回天。例如四季和昼夜的变化是天定的，人无能为力。而在人类社会，分别尊卑贵贱，制订礼仪制度、法律条款，是人类的作为，天是无能为力的。天与人在不同的领域发挥各自的作用，不可互代。在自然界，已掌握规律的方面，人是决定因素，在未掌握规律方面，人无能为力，只好听凭天的安排。在社会上，社会稳定，法制健全，官吏清明，那么祸福就是各人自己行为的后果，一切由自己负责，这时每个人都有自己的主动权；如果社会混乱，法制破坏，贪官污吏，那么，人的祸福不是自己行为的结果，人掌握不了主动权，这时的祸福吉凶就是天命定的。因此，在讲天、人的时候，与社会是否有序，在位者是否明理，是否掌握客观规律，都是有关系的。这些论述都是发前人所未发，在当时是相当深刻的。

这些儒家不是在注经中阐发自己的思想，而是在实践中运用儒家思想思考现实的问题，提出新见解，丰富了儒学。

第七课　两宋理学

“十三经”中，有四种经书是宋代人疏的，说明宋人对经学也有所继承和发展，如刘敞作《七经小传》，王安石作《三经新义》，对经书作了新的解释。同时，宋人有疑经的倾向，汉人说《易大传》即“十翼”是孔子所作，欧阳修认为“十翼”不是孔子所作(《易童子问》)。汉人认为《周礼》是周公所作，苏轼怀疑《周礼》是“战国阴谋之书”(《东坡续集》卷九)。王安石认为《春秋》三传不足信，《春秋》经是“断烂朝报”，即没有参考价值的一堆破烂。司马光对这种疑经风气不满意，他在《论风俗札子》中说：“新近后生，口传耳剽，读《易》未识卦爻，已谓‘十翼’非孔子之言；读《礼》未知篇数，已谓《周官》为战国之书；读《诗》未尽《周南》、《召南》，已谓毛、郑为章句之学；读《春秋》未知十二公，已谓‘三传’可束之高阁。”“新近后生”，就是年轻人。“口传耳剽”，指口耳相传，没有通过眼睛看书，只是道听途说。卦爻是《周易》中的基本内容。读《周易》还没弄清楚卦爻，就说“十翼”不是孔子说的话；读《周礼》还不知道篇数，已经说《周官》是战国时代的书；《春秋》所记鲁隐公到鲁哀公共十二公，这是基本常识。读《春秋》还不知道十二公，就说“春秋三传”可以束之高阁。司马光所讲的情况，反映了当时疑经风气的事实。一些年轻人道听途说，不好好看书，连基本常识都还没掌握，就妄下定论，说这是假的，那是无用的。但是，疑风盛行之后，连司马光也撰写《疑孟》，对《孟子》产生怀疑，提出一系列疑问。魏晋时代的嵇康"以六经为芜秽"，只是个别人愤世嫉俗的偏激言论。而宋代学者则是认真研究得出来的有根有据的结论，对后世产生很大影响，特别是对清代考据学起了导向的作用。

1. 二程"天理"

北宋时代的儒家在三教争立中过来，对佛学与道教都有比较多的接触，也有相当的了解，对儒学有所怀疑，从怀疑再走向相信，又有较多的思考，这样的环境使他们对儒学的信仰不再是盲目的，有了更多的理性，也就有了综合创新的可能性。儒学也由于经过洗礼而得到净化，儒学的精神得到更充分的认识和阐发。

北宋二程是指程颢、程颐两兄弟。程颢(1032—1085 年)，字伯淳，号明道先生。程颐(1033—1107 年)，字正叔，号伊川先生。他们反对王安石变法，后来在洛阳讲学，他们的学派世称"洛学"。程朱理学，程就是指二程，主要是指程颐。他们创造了一个"天理"来概括儒学的真精神。程颢曾说："吾学虽有所授受，'天理'二字却是自家体贴出来。”(《二程集》《外书》卷十二)就是说“天理”二字是他们的新创造。

天理是什么呢？理是无所不包的，如说：“性即气，气即性，生之谓也。人生气禀，理有善恶……此理，天命也，顺而循之，则道也。”(《二程集》《遗书》卷一)这就把道、理、天命、气、性，全都联系在一起了。

又如：“天者，理也。”(《二程集》《遗书》卷十一)“心是理，理是心。”(《二程集》《遗书》卷十三)“凡眼前无非是物，物物皆有理。”(《二程集》《遗书》卷十九)二程又说：“道之外无物”(《二程集》《遗书》卷四)，“理外之事则无”(《二程集》《遗书》卷十五)。所有看得见的都是物，物都有理。道理之外没有任何事物。

他们认为理是客观存在的，“不为尧存，不为桀亡”。“天地万物之理……皆自然而然，非有安排也。”“天地动静之理，……不是人安排得来，莫非自然也。”(《二程集》《遗书》卷十一)理是不以人的意志为转移的。理又是唯一的、普遍的、不变的、完备的。理是每个人心中所有的，谁都能理解，也都能把握。不能理解与把握天理，就与禽兽没有多大差别了。“天理之不存，则与禽兽何异矣。”(《二程集》《粹言》卷二)为什么有的人丧失了天理呢？那就是因为受到外物的影响。会受到外物的影响，就是由于人有欲望。人欲遮蔽了天理。因此，“灭私欲则天理明”(《二程集》《遗书》卷二十四)。二程的哲学，最高范畴就是理。理欲之辨，成为他们讨论的重要课题。最典型的例子就是二程的一句话：“饿死事极小，失节事极大。”民族气节，保守晚节，都是极大的事。孔子说“杀身成仁”，孟子说“舍生取义”，文天祥说“人生自古谁无死，留取丹心照汗青”，都是为了自己的信仰，甘于牺牲生命。二程的话本没有错，问题在于，他们将妇女在丈夫死后生活没有依靠的情况下改嫁视为失节。这种观念经过统治者的提倡，扼杀了无数妇女的青春与生命。这一点成为后人批判儒学“礼教杀人”、“礼教吃人”的重要根据。

南宋朱熹将天理称为理，又称为“太极”。于是，他们的学术就被称为理学，以关键人物为标志的话，那就是程朱理学，与孔孟儒学、老庄道学相媲美。

2. 朱熹理学

朱熹(1130—1200 年)，字元晦，后改晦庵，六十岁以后又称晦翁，祖籍婺源(古属安徽，今属江西婺源县)松岩里，生于福建南剑(今南平市)尤溪县城外毓秀峰下郑氏馆舍。他青年时中了进士，此后五十年中换了四个皇帝，他“仕于外者仅九考，立朝才四十日”，只是考察巡视九次，在朝廷只有四十天，没有正经坐下来当个像样的官。为什么呢？就因为敢说真话。后来退居讲学于建阳考亭，被称为“考亭学派”。他的教学活动主要在福建，学生也多是福建人，因此，以他为主的学派又被称为“闽学”。朱熹影响很大，韩侂胄一伙奸臣在朱熹晚年，称朱熹学派为“伪学猖獗”，又从“伪党”到“逆党”、“死党”，甚至上书要求“斩熹”。当奸臣猖獗之时，朱熹仍然与弟子“讲学不休”，将生死荣辱置之度外，有理论的坚定性。韩侂胄死后，局势立即改变。宋理宗于宝庆三年(1227 年)谥朱熹曰文，赠太师，追封信国公，改徽国。淳祐元年(1241 年)理宗又手诏朱熹跟周敦颐、张载、二程一起“从祀孔子庙”(《宋史·朱熹传》)。他的思想被元、明、清几朝奉为正宗儒学。他的《四书集注》作为科举时的理论依据，统治封建社会后期思想界达八百年，他是公认的理学集大成者，著作较多(一百九十卷)，思想体系庞大。“其为学，大抵穷理以致其知，反躬以践其实，而以居敬为主。”(《宋史·朱熹传》)

宋明理学重视理气关系的讨论。《朱子语类》也是把理气放在卷首。朱熹认为理和道、太极是一样的，是抽象的概念。他说“道即理之谓也”(《周子通书注》)，又说“太极只是一个理字”(同上)，还说“诚即所谓太极也”(《朱子语类》卷一)。诚，诚意，是实在的意思，属于精神性的。理、道、太极，都是精神性的。

理和气的关系，朱熹认为：“太极生阴阳，理生气也。”(《周子太极图说注》)太极是理，阴阳是气。但他认为：“气虽是理之所生，然既生出，则此理寓于气了。”(《性理精义·性命》)理生出气以后，又寓于气中，后来理与气就不可分了。从根本上说：“天下万物万化，何者不出于此理。”(《朱子语类》卷六十五)“以本体之，则有是理，然后有是气。”(《孟子或问》卷三)从本体本原上说，先有理后有气。当他讲理气相依，不可分离，也没有先后的时候，是将气作为物质实体(即本体)看待的，而把理看作气运动变化的本因寓于气中。理相当于法则、规律。

张载在《西铭》即《正蒙·乾称》中发挥儒家仁爱思想，提出“民胞物与”的主张，认为一切人都是自己的同胞，一切物都是自己的伴侣，都是天生的，都要加以爱护。这种泛爱思想受到了程颐的高度赞扬。说它“扩前圣所未发，与孟子性善养气之论同功”。它创造了什么呢？“《西铭》明理一分殊。”(《与杨时论西铭书》，见《二程集》)朱熹在《西铭注》中说：“盖以乾为父，以坤为母，有生之类，无物不然，所谓理一也。而人物之生，血脉之属，各亲其亲，各子其子，则其分亦安得而不殊哉!”朱熹认为，万物都是天地所生，这就是所谓“理一”。也就是说，一个道理。因此，他说：“天地之间，理一而已。”但是，世间万事万物都不一样，有大小差别，有亲疏等级，这就是“分殊”。他借用佛经的比喻“月印万川”来比喻“理一分殊”。天上只有一个月亮，地上万川都有月亮的影子。天上下雨，水是一样的，水落到地上不同的地方，就成了不同的水，落到河里为河水，落在池里是池水，河水、池水还同样是水。“物物各具此理”，是“理一”，“物物各异其用”就是“分殊”。朱熹将万物的理称为太极，因此，“理一分殊”也可以说成“盖统体是一太极，然又一物各具一太极”(《朱子语类》卷九十四)。“人人有一太极，物物有一太极”(同上)，综合起来，本来就只有一个太极。

朱熹在知行观上有一些通俗而明确的说法，值得介绍。

(1)知先行后。朱熹说："义理不明，如何践履?"(《朱子语类》卷九)"践履"就是实践的意思。道理不明白，怎么能实践呢？譬如走路，不知东西南北，不知长安在何处，怎么走路？往哪儿走？从认识的总体看，人类先有实践，然后才有认识，认识源于实践。但对于个人来说，认识主要来源于学习。朱熹讲的就是个人的知行观，知先行后，是对的，先上学，后工作，这是天下普遍的现象。

(2)行重知轻。朱熹说："论先后，知为先；论轻重，行为重。"(同上)他认为知行比较，行更重要。学习道理的目的在于行，不行就跟没有学一样。因此他说："工夫全在于行上。"行是个人行为，也就是个人心性修养和伦理道德的践履。

(3)知行相须。朱熹说："目无足不行，足无目不见。"(同上)知行与足目的关系一样，是相须的。孤立、偏好，都不好。朱熹后学强调知先行后，义理不明，不能践履。义理难明，终身无法践履，导致了只说不干的倾向。王夫之批评这种倾向是"先知后行"变成"先知以废行"(《尚书引义·说命中》)。

(4)学知行。朱熹说："学之之博，未若知之之要；知之之要，未若行之之实。"(《朱子语类》卷十三)这里有三个比较：学、知、行。

先说学。不学习不知道，学而知之。"困而不学，民斯为下矣。"(《论语·季氏》)没有知识，处于困境，还不想学习，那是最没有出息的人。学习的知识，是人的精神素质的基础。所有启蒙思想家都强调知识的作用，都认为知识可以转化成巨大的力量。王充作为封建社会的启蒙思想家，在反对天人感应的神学目的论中，提出“以知为力”，认为“筋骨之力不如仁义之力荣也”(《论衡·效力》)；英国资本主义启蒙思想家培根反对经院哲学，反对偶像崇拜，反对迷信教条，提出“知识就是力量”；无产阶级革命思想家高尔基说：“没有任何力量比知识更强大，用知识武装起来的人是不可战胜的。”他们尽管所处的时代不同，所代表的阶级也不一样，但是，他们在反对蒙昧主义的迷信中，提出了一致的口号：“知识就是力量。”我认为，这个思想在任何时代，都具有进步的意义。反过来也是一样，“不学无术在任何时候，对任何人，都无所帮助，也不会带来利益”(苏联科学院历史研究所编：《近代史教程》第二分册)。一个哲学家知道了反映论的道理，认识是对客观世界的反映，认识来源于实践，那还是很肤浅的，只有知道了能动性的道理，知道知识是一种力量，对改造世界起巨大的贡献作用，理论对实践有重要的指导意义，才具有一定的深度。

“学之之博”，博览群书，开阔眼界，就不会孤陋寡闻，这是很必要的。在现代社会，需要有相当广泛的基础知识，才能形成必要的知识结构。小学生学的数学、语文，中学生学的数、理、化、天、地、生等自然科学知识，还需要文、史、哲、经教法等文科知识(包括社会科学与人文学科的各种知识)。还有许多生活知识包括人际交往的知识也是需要的。哪一方面的知识绝对没有，都会在生活实践与生产实践中带来说不清的麻烦。这些知识，很多内容不是在上课的时候听老师讲的，而是在自己看书或看报中学的，有的则在与朋友聊天中知道的，有的是从自己的教训中获得的。人们对从教训中获得的知识印象深刻、记忆长久。这样的知识也尤其珍贵。聪明人更多的是从别人的教训中学习，自己可以少走弯路，少受损失。

其次是知。一个人知识虽然学得很多，并不代表他一定知道其中的要点，也不代表他一定就能体会其中的精神实质。朱熹举了孔子弟子为例，“若不用躬行，只是说得便了，则七十子之从孔子，只用两日说便尽，何用许多年随着孔子不去”(《朱子语类》卷十三)。孔子的学问如果只要两天就可以说完，他的弟子何必用许多年的时间跟着孔子呢？原因就是他们与孔子相处，是“去理会这个身心”(同上)，也就是领会孔子学问的精神实质。

子贡是机敏的人，他对孔子的认识还花了三年时间。“子贡事孔子，一年自谓过孔子；二年自谓与孔子同；三年自知不及孔子。当一年二年之时，未知孔子圣也，三年之后然乃知之。”(《论衡・讲瑞》)也有人以为“子贡贤于仲尼”。子贡说：“譬之宫墙，赐之墙也及肩，窥见室家之好。夫子之墙数仞，不得其门而入，不见宗庙之美，百官之富。得其门者或寡矣。夫子之云，不亦宜乎!”(《论语・子张》)这说明真正认识孔子学说的精神是不容易的。很多人学习了许多知识，就是不入门，不能领会孔子的精神实质。而真正能够入门的是极少数，因此，许多人以为孔子的水平不及子贡。孔子曾说：“君子食无求饱，居无求安，敏于事而慎于言，就有道而正焉，可谓好学也已。”(《论语・学而》)这里说的“就有道”，就是接近有道德或者掌握理论的人，接近他们，才能更好地学习正道，理解精神实质，纠正自己的错误。朱熹讲今天格一物，明天格一物，联系起来反复思考，到一定时候，豁然贯通，认识天理。只格物，不思考，“学而不思则罔”。学习中国传统文化，需要身心体会，化为自己的精神，才能在实践中见效。

子路原是粗野的人，长期与圣贤相处，经过潜移默化的作用，逐渐地改变了自身的气质。王充认为，人性的善恶是可以改变的，就像“蓬入麻间，不扶自直；白纱入缁，不染自黑”(《论衡·率性》)。王充认为，子路的例子，就是孔子能够通过教育改变弟子气质的典型事例。

朱熹提出：“讲论一篇书，须是理会得透。把这一篇书与自家衮作一片，方是。去了本子，都在心中，皆说得去，方好。”(《朱子语类》卷五十)读书，必须“理会得透”，这就是知，是真正的彻底理解。也就是要将书中的思想接受下来，放“在自家肚里”，成为自己的思想，放下本子，随心说去，都能正确表达出来，这才表明自己确实理会透了，确实把学到的东西融入了自己的思想。有些人按着本本可以说一套，离开本本就说不成话，就没法说话。毛泽东称这种人是“本本主义”。过去有这样的人，现在也有这种人，过去叫教条主义，古代称迂儒，现在大概可以叫书呆子。

最后是行。朱熹关于这方面的论述很多，大意就是读书，要把书中的思想经过思考，变成自己的思想，再化成自己的行动。最后一切落实在行上，追求至善。这样读书，才能提高自己的素质，才是为己之学，保留着“古之学者为己”的遗风。现在许多人将学问当作外在的东西，学了让人看，说了让人听，对自己的思想没有作用，或者说只是学会了骗人。因此，有的人虽然学习了一些儒家思想，只能跟别人说，没有能够改变自己的气质，自己原本什么样子，还是那个样子。我想到陆游的两句诗："纸上得来终觉浅，绝知此事要躬行。"(《冬夜读书示子聿》)只读书是不够的，认识总是肤浅的，需要在实践中体验，才能有真正深刻的认识。

在朱熹那里，义利关系被提升到更高的理论高度，这就是天理人欲之辨。天理就是公义，人欲就是私利。著名的口号是："存天理，灭人欲。"过去有些人批评这个口号，说是不让人民有起码的物质需求。这是一种误解。因为朱熹在回答"饮食之间，孰为天理，孰为人欲"时，说"饮食者，天理也；要求美味，人欲也"(《朱子语类》卷十三)。正常的欲望，是天理。人不能不吃饭，这就是天理。要求美味，就是追求过度享受。追求享受，应该也是天理。但是，如果将精力都放在追求过度享受上，自然影响事业，影响社会责任。那种追求过度享受，就是人欲。在学习时期，讲究吃穿，追求排场，那么，学习就会受到影响，就无法参加深入的理论探讨。正如孔子所说："士志于道，而耻恶衣恶食者，未足与议也。"(《论语·里仁》)孔子又说："君子食无求饱，居无求安；敏于事而慎于言，就有道而正焉，可谓好学也已。"(《论语·学而》)立志学道的青年如果过分讲究吃穿，那就没有资格参与讨论治国之道。在当官执政的时候，如果过度追求享受，就会以权谋私，贪污受贿，破坏公义。

天理与人欲是人性中相对的两个方面，朱熹认为"人欲便也是天理里面做出来。虽是人欲，人欲中自有天理”。“人之一心，天理存，则人欲亡，人欲胜，则天理灭，未有天理人欲夹杂者。”“天理人欲常相对。”“天理人欲，无硬定底界，此是两界分上功夫。”“人只有个天理人欲，此胜则彼退，彼胜则此退，无中立不进退之理。凡人不进便退也。”以刘邦项羽打仗为比喻，“彼进得一步，则此退一步；此进一步，则彼退一步”。“学者须是革尽人欲，复尽天理，方始是学。”(《朱子语类》卷十三)没有确定的界线，此消彼长，革尽人欲，尽复天理，才是真正学习儒学。朱熹认为：“圣贤千言万语，只是教人明天理，灭人欲。天理明，自不消讲学。”(《朱子语类》卷十二)朱熹讲的“存天理，灭人欲”，就是针对这些当官的或者准备当官的人说的。人欲导致自己的毁灭，天理使人成才、成功。学者在这一根本问题上，必须有明确的态度。本立而道生，本立了，其他事情就容易理解，也容易解决了。朱熹说：“为学之道，莫先于穷理；穷理之要，必在于读书。”(《甲寅行宫便殿奏札》)为了存天理灭人欲，要从读书开始，学习圣贤所讲的理。当时许多人认为现在读着圣贤的书，就是在“穷理”，没有对此有所疑问。朱熹与陆九渊由于治学方法不同，各自成家，形成不同的派别。有一次，朱熹请陆九渊到他主持的白鹿洞书院讲学。陆九渊以求同存异的精神，不谈治学方法，只讲义利之辨，“以义利判君子小人”，陆九渊认为虽然读圣贤书，如果一心只想着考取功名，那也是为了私利。这种说法击中要害，震撼人心，朱熹也感到这类问题极其重要，还要陆九渊“笔之于简，而受藏之”(《白鹿洞书院论语讲义》，见《陆九渊集》)。为修身而学习，还是为功名而学习，这就是义利关系的问题，也是在读书中的动机问题，就是一种行的表现。读书也有“为己”和“为人”的不同，“古之学者为己，今之学者为人”。或者说是如何“为己”的问题，是为了提高自己的素质和道德涵养，还是为了自己考取功名，升官发财？这与现代的素质教育和应试教育之间的区别相似。陆九渊认为这个根本问题不解决，读书多，只是“假寇兵，资盗粮”(《陆九渊集·语录下》)，即送给敌人兵器，资助强盗粮食。兵多粮足，只是增强敌人实力。在这种情况下，一个人读书再多，也只会提高他做坏事的能力。朱陆都认为教育就是两项内容：尊德性与道问学。孰先孰后，至今也还有争议。

了解朱熹的读书观，认识到他的见解的合理性，那么，我们现在的学者读书是否深入理解理论，并且化成自己的思维方法，是否落实在自己的行动上了呢？《大学》中提道：“有诸己而后求诸人，无诸己而后非诸人。”自己做到了，然后才可以要求别人做到；自己没有的毛病，才好批评别人这方面的毛病。自己有的毛病不去掉，还要批评别人，就不会有效果。自己做不到的事却要求别人做到，理由也不顺。康熙这位伟大的政治家，读书有体会，能运用，有效果。他在《性理精义》的序中说，他读了这本书，“玩味愈深，体之身心，验之政事，而确然，知其不可易”。理学是修身治国的指导思想，经过反复检验，都证明是完全正确的，不可改变的。他在《朱子全书》的序中说：“朱夫子集大成，而绪千百年绝传之学，开愚蒙而立亿万世一定之规……虽圣人复起，必不能逾也。”康熙认为朱熹发现了终极真理，亿万世也不会改变，以后再有圣人诞生，也一定不会超过朱熹。朱熹理论有一定的合理性，但是，后人还是有事做的，还有很多理论需要再创新，进步是无止境的。明代有李贽、王阳明等人提出质疑，都是对理学的创新与发展。按朱熹的说法，汉唐没有传道者，而宋代有传道者，包括北宋五子和南宋的朱熹等人，但是汉唐没有传道却是盛世，是雄踞东方的大帝国；宋代有那么多传道者，国势却日益衰弱，最终走向灭亡，还不如无传道者的盛世。有传道者却导致灭亡，少数民族第一次在中华大地上建立元帝国。李贽从国势盛衰来评论有一定道理，国家兴亡，当然不能由像朱熹那样的一名教师负责任。若论宋亡与理学有关，清初盛世不也是受到朱熹思想的影响而出现的吗？

关于儒学的社会作用，主要在于协调关系，协调关系有利于社会稳定，这也是国家富强的基础。但它不是国家富强的充分条件，国家富强没有儒学不行，只有儒学也不行。原来儒学有强劲的一面，孔子赞扬管仲的霸道，也肯定子产的以猛治政。他执政不久还杀了少正卯，可见他并非柔弱。当然也有柔弱的儒者，如徐偃王实行柔弱的儒术，导致亡国。西汉后期的统治也偏于柔弱，才最后被王莽所篡。这些柔弱不是儒家所特有的，而是无能的表现。儒道主张识大体，有远见卓识，把握大方向，对于乱的萌芽，要果断清除，优柔寡断，贻误时机，铸成大败，不是儒家所应该有的或必然有的结局。宋朝国势渐弱，不是由于儒学的因素，岳飞就是儒学培养出来的英雄人物，何曾柔弱，何等刚强！王安石、陆游、朱熹这些著名儒家，也不是那么柔弱。任何团体中的人都有柔弱、刚强等不同倾向，怎可以一种倾向代表全体，以偏概全呢？古代治国之道，是要从实际出发的。“今不知道者，见柔懦者侵，则矜为刚毅；见刚毅者亡，则矜于为柔懦。此本无主于中而见闻舛驰于外者也，故终身而无所定趋。”(《淮南子·氾论训》)只刚不柔，只柔不刚，都是片面的；刚柔相济，才能达到和谐。

第八课　宋明心学

南宋陆九渊创立心学，明代王阳明继承发展了心学，形成了与程朱理学分庭抗礼的陆王心学。理学与心学是南宋以后儒学的两大学派。

1. 陆九渊心学

陆九渊(1139—1193年)，字子静，江西抚州金溪(今江西临川)人，曾居贵溪之象山，故又号象山先生。他是南宋陆学的首领，也是心学的创始人。

陆九渊先天气质有点特殊，举止不同于其他儿童，思想比较内向，不活泼，爱思考，而且喜欢追根究底，他自己说："吾自幼时，听人议论似好，而其实不如此者，心不肯安，必要求其实而后已。"(《陆九渊集·语录下》)陆九渊三四岁的时候，就问父亲天地有多大，到哪儿才到头。由于他思考过多，可能影响健康，直到十四岁，他的手脚都没有温暖过。也由于思考深入，他在少年时就有了自己的思想体系，或者叫潜意识。他听别人读程颐的文章，就觉得程颐的思想与自己的思想不一致，又感到程颐的思想与孔子、孟子的说法有区别。他第一次读《论语》时，喜欢曾子的观点，不喜欢有子的说法。曾子多讲心性修养，曾子传子思，子思讲诚比较多。子思的弟子传孟子，孟子讲“浩然之气”、“尽其心”、“反身而诚”，讲“威武不能屈”的大丈夫精神。陆九渊继承了孔子、曾子、孟子、程颢的思想，形成心学思想体系。他十五岁时写诗说：“书非贵口诵，学必到心斋。”“心斋”是庄子的用语，大意是听话不但要用耳朵，更要用心。陆九渊读到古书中的“宇宙”两字有注解：“四方上下曰宇，往古来今曰宙”，他忽然觉悟了，他说：“宇宙内事乃己分内事；己分内事乃宇宙内事。”(《陆九渊集》卷三十三、卷三十六)于是他又推出：“东海有圣人出焉，此心同也，此理同也。至西海、南海、北海有圣人出，亦莫不然。千百世之上有圣人出焉，此心同也，此理同也。至于千百世之下有圣人出，此心此理，亦无不同也。”(《宋史·陆九渊传》)从空间上说，东西南北的圣人都是人同此心，心同此理的。从时间上说，千百世以前，千百世以后，所有的圣人，也是人同此心，心同此理的。“千古圣贤，若同堂合席，必无尽合之理，然此心此理，万世一揆也。”(《陆九渊集》卷三十四)“揆”，就是标准。“万世一揆”，就是万世统一的标准。按现在的说法，就是古今中外相同的心和理。他认为心就是理，宇宙就是这个理，这个理就在这个心中，于是也可以说：“宇宙便是吾心，吾心便是宇宙。”(《陆九渊集》卷二十二)明代王阳明将陆九渊的学问概括为“心学”，他说：“圣人之学，心学

也。”(《陆象山先生文集》序)

既然道理都在自己的心中，那就不必到外面去寻找，只要在自己心中“自立”，“自作主宰”。立志是头等大事，不立志则将一事无成。如果立志，那就要分清志向。志向有两条道路：一是势利；一是道义。也就是义利之辨。“大抵今时士大夫议论，先看他所主，有主民而议论者，有主身而议论者，邪正、君子小人，于此可以决矣。”士人议论，有的站在人民的立场上，有的想的是自己的利益。主民而议论的就是道义，就是君子，就是走阳光大道；主身(自身)而议论的就是势利，就是小人，走的就是歪门邪道。立足点在哪儿？志向立在什么上？这些是大事，决定了人一生的生活意义。志在心中，只有自己知道，与自己的一生关系极大。有的人立的志向，与自己向别人宣告的完全不同，说得冠冕堂皇，内心阴暗龌龊，原想欺骗别人，首先却骗了自己，也害了自己。陆九渊非常重视立志，立志正确，“一正则百正”，“一是即皆是，一明即皆明”(《陆九渊集》卷三十五)。如果立志不对，方向错了，那么，“若读书，则是假寇兵，资盗粮”，等于给敌人送去武器与粮食。“学问不得其纲，则是二君一民。”(同上)就是说一个人读书如果方向错了，其结果就像两个皇帝，一个平民，这个平民不知该听谁的。学问不得要领，越学越糊涂。一个人若只管读书，不领会精神实质，学的都是糟粕，最后都没有用处；虽然努力，也不过是南辕北辙；想的是登山，却陷入山谷，越拼命攀登，越陷得深，离目标越远。他认为只有去掉掩蔽，人的本心才会清明起来，认清方向道路，才能走上正道。他将去掉掩蔽叫作“剥落”，将干干净净本心上的污垢“剥落”掉，就会清明，后来又会蒙尘，需要再“剥落”。他说的污垢，就是私心邪念，任何时候出现都要清除，这样才能保证清明。对于当政者来说，做出任何决策，不能考虑对自己是否有利，要考虑的是如何才合理，如何才符合人民的利益。这是所有当官的人都需要认真对待的。

南宋淳熙二年(1175 年)，陆九渊应吕祖谦的邀请，和五兄陆九龄一起，去铅山鹅湖寺会见朱熹。这次有历史意义的会见，主要是讨论治学的方法问题。陆九渊的治学方法与整个思想体系是相关的，跟朱熹的有很大差别。这主要体现在“道问学”与“尊德性”孰先孰后的关系上，这就是鹅湖之会的主题。朱熹认为应该先博览群书，然后从中体会、概括出道理来。读书时间长了，积累的知识多了，才可能在这个基础上体会出深刻的道理来。前面是渐进的过程，最后豁然贯通，提高思想觉悟，确立正确的世界观。这个方法与佛教讲的“渐修”道理差不多。陆九渊认为这种修养方法太慢，支离破碎。他主张先立本心，与佛教的“顿悟”相近。两个人讨论了很长时间，谁也说服不了谁，各自保留自己的意见。事后，朱熹在《答项平甫书》中说：“教人之法，尊德性、道问学两事。”陆九渊强调“尊德性”，而朱熹自己讲“道问学”多一些。结果陆派弟子一般道德高尚，品操可观，而对道理的了解却全不仔细。朱熹对于义理不敢乱讲，但对要紧的事也抓不紧。朱熹想去短集长，以免陷于偏颇。陆九渊听到朱熹的意见后，表示不赞成。他说：“然吾以为不可，既不知‘尊德性’，焉有所谓‘道问学’?”(《陆九渊集》卷三十四)没有道德，还会有什么学问？陆九渊认为“易简功夫终久大，支离事业竟浮沉”。他将自己的治学方法称为“易简功夫”，不是零碎的，而是要抓住立志这个关键，解决根本的人生观的问题。他又将朱熹类似佛教“渐修”的“道问学”称为“支离事业”，认为是不能长久的。

现在我们如何看待这个问题？朱熹强调先读书，一个人书读多了，自然会明白许多道理，然后融会贯通，提高自己人生观的水平。多数人大概都是这样一个成长过程。一开始就树立正确的世界观、人生观，然后再慢慢学习知识，这是不太可能的。人生观不是想确立就能确立的，世界观也不是说形成就能形成的。因此，陆九渊所强调的太绝对了，也不现实。但他提出从一开始就注意正确人生观的培养，是合理的。道德教育应该从小培养，儒家一贯主张对小孩进行孝的教育，小孩会说话以后，在家庭内部就要进行。但是，强调过头也有问题，古代有所谓“嘴上说的是仁义道德，心里想的是男盗女娼”，这是学习儒学没有真正学进去的“假道学”。其他学问也一样，没有真正学进去，或者没有领会其精神实质的，却顶着一个行家的帽子。要知道，那是假的，骗人的。

朱熹与陆九渊的争论没有结果，只能说明双方的观点都有不可替代的合理性。后来，当政者都选择了朱子学，使之盛行于天下。而陆学由于没有人继承，逐渐消沉。到了几百年后的明代，出现了一个王守仁，弘扬陆学，使陆学“显赫一时”，对近现代产生过相当大的影响，甚至对20世纪中国革命也有过不小的影响。

2. 阳明学

陆九渊弥留之际，曾经以手指心，说："某有积学在此，惜未有承当者。"(《陆九渊集》卷三十六)就是说他的思想在心中，可惜没有弟子可以继承。这种思想就是精华，他不立文字，故有此说。文字虽然如庄子所说是糟粕，但是，人死以后，后人可以从他的"糟粕"中体会出精华来，连"糟粕"也不存在了，精华就可能中断。幸运的是，陆九渊死后三百年，浙江余姚王守仁成为陆学的继承人。王守仁说："仆尝欲冒天下之讥，以为象山一暴其说，虽以此得罪无恨。"(《王文成公全书》卷二十一)这就表示他决心弘扬陆象山的学说，不怕天下人讥笑，即使因此而得罪人，也不悔恨。

王守仁(1472—1529年)，字伯安，因他后来隐居会稽阳明洞，又创办阳明书院，号阳明先生。他开始学习朱熹的格物说，回家就看着竹子，希望"格"出竹子的道理来。"格"了几天，他就病倒了，没有格出结果来。他后悔了，也就因此觉悟了，"缪矣三十年，于今吾始悔"(《赠阳伯》)！他觉得三十年来信朱熹，上当了，改信陆九渊的心学。他说："圣人之学，心学也。"(《王文成公全书》卷七)他曾任兵部主事，因为反对宦官刘瑾，被谪为贵州龙场驿丞，后因平乱有功，封新建伯，官至南京兵部尚书，卒谥文成，是明代文官立战功最突出的一人。现在余姚市有四贤祠，给他立的碑上写着“三不朽”，即立德、立功、立言三方面都有永存的价值。

王守仁认为：“天地鬼神万物，离却我的灵明，便没有天地鬼神万物了。”学生表示怀疑：“天地鬼神万物，千古见在，何没了我的灵明，便俱无了?”他解释说：“今看死的人，他这些精灵游散了，他的天地万物，尚在何处?”(《王文成公全书》卷三)所谓“他的天地万物”，不是客观存在的，而是他的观念中的“天地万物”。人死了，他的观念中的天地万物当然也消失了。但是客观的天地万物仍然存在，同时也反映在其他人的观念中。有一次旅游，一位朋友指着山上的野花说：岩中的树花自开自落，与人心无关，怎么能说“无心外之物”呢？王守仁说：“你未看此花时，此花与你同归于寂；你来看此花时，则此花颜色一时明白起来，便知此花不在你的心外。”(《传习录下》)没看到花时，不知道有花，看到花时，就出现在你的心中，它的存在就被你所感知。王守仁认为心是主宰身的，一切行动都是思想支配的。行动就是做事，事就是物，这个物包括视、听、言、动，都是意念产生的，都在心的主宰之下。于是，他得出结论：“心外无物”。相当于说一切行动都不在思想支配之外。即所谓“心即理”。推而广之，一切统一于心，“心外无物，心外无事，心外无理，心外无义，心外无善”(《王文成公全书》卷四)。总之，“心之本体，无所不该”(《传习录下》)。“言心，则天地万物皆举之矣。”(《王文成公全书》卷六)只要说心，就包括了天地万物。一句话：宇宙统一于心。

朱熹讲知行观时认为先知后行，这是对的，小孩总是先学习，然后才工作。到明代，有些人在知上下功夫，认真读书，探索真理，他们只是玩弄概念，并不实行，因此是知而不行的，结果也不可能有真知。为了纠偏，王守仁提出“知行合一”说。他认为：“知是行的主意，行是知的功夫；知是行之始，行是知之成。”(《传习录上》)“知行合一”，“只说一个知，已自有行在，只说一个行，已自有知在”。有的人认为知与行是两回事，不能合一。例如，有人知道孝顺，而实际上又做不到。这不是知行有别吗？王守仁说：说某人孝顺，必定他孝顺了。他只会说一些孝顺的话，没有人会说他是懂得孝顺的。又如：什么叫知道痛呢？他必定痛过。知道寒冷、饥饿，必定是自己受过冻、挨过饿。又如：鼻子闻到臭味，就是知，同时就有了厌恶的情绪，就是行。不是今天闻到臭味，明天才有厌恶的情绪。因此，他又说：“行之明觉精察处便是知，知之真切笃实处便是行。”(《传习录中》) 他说：“我今说个知行合一，正要人晓得一念发动处？便即是行了。发动处有不善，就将这不善的念克倒了，须要彻根彻底，不使那一念不善潜伏胸中。此是我立言宗旨。”(《王文成公全书》卷三)心中一念不善，就是“心中贼”。他说：“破山中贼易，破心中贼难。”(《王文成公全书》卷四)他有过平乱的经验，有了这种体会。“破山中贼”用军事，“破心中贼”只能用理论，那就是他的心学。他讲格物致知，就说：“致知必在于格物。物者，事也。……格者，正也，正其不正以归于正之谓也。正其不正者，去恶之谓也，归于正者，为善之谓也。”(《大学问》)破心中贼，就是格物，就是去恶。所以“格物者，格其心之物也”(《传习录中》)。

王守仁的哲学被称为主观唯心主义，因为他以心为最高范畴，认为心包括一切。但他讲心不是只在家里静思默想，他常带兵打仗，《明史》载："终明之世，文臣用兵制胜，未有如守仁者也。"(《明史·王阳明传》)他打仗取胜，与他的破心中贼有一定关系。他在生活中体验到"人须在事上磨炼做功夫乃有益。若只好静，遇事便乱，终无长进"(《传习录下》)。王守仁这样典型的主观唯心主义者，也强调实践。他讲的"知行合一"，也是在心学的思想体系中，如他说："求理于吾心，此圣门知行合一之教，吾子又何疑乎！"(《传习录中》)他归纳出四句话："无善无恶是心之体，有善有恶是意之动，知善知恶是良知，为善去恶是格物。"(《传习录下》)后人称之为"王门四句诀"或"王学四句教"，影响深远。

王守仁死后，因一班小人作怪，也像朱熹一样，其学问被朝廷宣布为伪学，遭到严禁。但是，当时有正义感的学者及他的弟子，"他们或相期集会，讲论师说；或于各地建祠堂书院，颂扬师德；或刻守仁文录，传播师言。其中比较重要的有：嘉靖九年五月，门人薛侃在天真山建精舍，祀守仁。十一年正月，门人方献夫会同门四十余人于京师，聚于庆寿山房讲论师说。十二年癸巳，门人欧阳德合门人于南畿讲论师说。十三年正月，门人邹守益在安福建复古书院。三月，门人李遂在衢麓建讲舍。五月，巡案贵州监察御使王杏在贵阳建王公祠。十四年乙未，钱德洪等人在姑苏刻守仁文录。十五年丙申，巡案浙江监察御使张景、提学佥事徐阶重修天真精舍。十六年十月，门人周汝员在越建新建伯祠。十一月，佥事沈谧在文湖建书院。十七年戊戌，巡案浙江监察御使傅凤翔在龙山建阳明祠。十八年己亥，江西提学副使徐阶在洪都建仰止祠，吉安士民在庐陵建报功祠。……守仁门人和朋友、信奉者的这些活动，早已打破了朝廷的学禁，极大地扩大了守仁思想的影响”(张祥浩：《王守仁评传》)。道义自在人心，即使是朝廷的权力也遏制不住。

陆王心学的影响是巨大的。陆九渊强调发明本心，蔑视一切权威，“宇宙便是吾心，吾心即是宇宙”，“六经皆我注脚”。王守仁讲求理于吾心。他们都强调主观意志、自立精神、独立意识。“不以孔子的是非为是非”的李贽和“不以皇帝的是非为是非”的黄宗羲都受到陆王心学的明显影响。顾炎武说：陆学以德为宗，学者“群然趋之”(《顾亭林文集》卷二)。“冲决网罗”的谭嗣同和“礼赞”阳明的郭沫若，他们进步的激烈思想都有心学影响的痕迹。蒋介石将台湾的草山改名为阳明山，也有推崇阳明学的意思。台湾学者徐复观称陆学是“中国文化的真精神”(《象山学述》)。陆王心学，特别是阳明学在日本有广泛的影响，17 世纪日本学者中江藤树从朱子学转向心学，认为“学问以明明德为全体之根本”。就是说搞学问根本目的在于提高道德。又说：“天地万物皆在我本心孝德中也。”即将世界统一于心。另一学者佐藤一斋说：“此理即人心之灵，学者当先穷在我之万物。”(永田广志：《日本哲学思想史》)心学家把理和万物都包括到心里去，也是陆王心学的“心一元论”的特点。

陆王心学对后代的消极影响也是很明显的。后世的意志决定论、知识反动论、读书无用论、只红不专等，都与陆王心学强调道德不重视知识有直接或间接的联系。所谓“易简功夫”，所谓“一通百通”，所谓“狠斗私心一闪念”，都可以说是陆王心学在“文化大革命”中的重新泛起。

第九课　儒家谈孝德

1. 孝出于报答养育之恩

孝的意义在于报恩，报答父母的养育之恩。“身体发肤，受之父母，不敢毁伤，孝之始也。”(《孝经・开宗明义》)身体是父母所生，应该爱惜，这是最初的孝的表现。对于一个人来说，身体发肤都不敢毁伤，怎么能自杀呢？自杀是大不孝的表现。现在大学生屡有自杀，他们对得起父母吗？他们怎么回报父母的养育之恩？不重视孝的教育，只培养智力，只重视分数，这是片面的教育。片面教育的后果是不好的。

子女如何回报父母？要竭力尽心，一是能养；二是能敬。要消除父母的忧愁，要增加父母的快乐。对自己的身体发肤都应该爱惜。自己的兄弟姐妹也都是父母所生，若有损伤，父母也会忧愁，因此也要加以保护。

2.《孝经》的内容与孝的意义

儒家重视孝，有一部重要典籍就叫《孝经》，是专门论述孝的。这是一本中国古代关于孝的系统理论专著。孔子说："夫孝，德之本也，教之所由生也。"(《孝经·开宗明义》)孝是道德教育的根本。"夫孝，始于事亲，中于事君，终于立身。"(同上)孔子又说：孝是"天经地义"的，明王"以孝治天下"(《孝经·孝治章》)，"人之行莫大于孝"(《孝经·圣治章》)，百行孝为先，百善孝为首。总之，孝是最根本的道德，最伟大的品行，是教育的基础，是德政的核心。

孝分三个阶段：早期是侍奉父母；中期是进入社会做事，要以孝心对待工作，对待上级，包括对待国君；最后要做出成就，实现自己的人生价值，最好能够流芳百世，光宗耀祖。如果有机会掌握一定的权力，就要在行政中贯彻孝的精神，以孝治理天下。汉朝实行举孝廉制度，就是让社会推举孝子和廉吏当官。对有养育之恩的父母都不孝顺的人，能对平民百姓好吗？孔子的学生有子说："孝弟也者，其为仁之本与！"(《论语·学而》)儒学的核心是仁。这说明儒家仁的思想是从爱亲引申出来的，也就是从孝悌推导出来的，孝是仁的根本。

3. 对应原则与孝的误解

过去有人说，儒家讲孝太绝对了，典型的话是“父叫子死，子不死，子为不孝”。这是后人的误解，孔子是不同意的。

(1)勇于坚持劝诫父母。

在《论语》中，孔子认为，父母有什么错误，作为子女可以而且应该提出婉劝。他说：“事父母几谏。见志不从，又敬不违，劳而不怨。”(《论语·里仁》)“几谏”，就是委婉地劝告。父母不肯接受，子女还要恭敬他们，不违背他们，替他们操劳而不怨恨。等到他们心情好时，再委婉地进行劝告。或者想出更多的理由，讲出更充分的道理，再对他们进行劝说。

(2)父命也要违。

在《韩诗外传》中有这么一个故事：孔子的学生曾参是著名的孝子。一天，曾参有了过失——锄草时，误伤了苗。他的父亲曾皙就拿着棍子打他。曾参没有逃走，站着挨打，结果被打休克了，过一会儿才渐渐苏醒过来。曾参刚醒过来，就问父亲：“您受伤了没有?”鲁国人都赞扬曾参是个孝子。孔子知道了这件事以后告诉守门的弟子："曾参来，不要让他进门！"曾参自以为没有做错什么事，就让别人问孔子是什么原因。孔子说："你难道没有听说过舜的事吗？舜当儿子时，父亲用小棒打他，他就站着不动；父亲用大棒打他，他就逃走。父亲要找他干活时，他总在父亲身边；父亲想杀他时，无论如何也找不到他。现在曾参在父亲盛怒的时候，也不逃走，任父亲用大棒打，这就不是王者的人民。使王者的人民被杀害，难道还不是罪过吗？"

在父亲失去理智的时候，拿着大棒乱打，如果将儿子打死、打伤或者打成残废，他冷静后会感到十分懊悔。这会给父亲的心灵上留下沉重的阴影，永远无法摆脱。这是"不逃"给父亲造成的精神创伤。真正的孝子要逃避父亲的盛怒，避免给父亲造成精神伤害。不管当时鲁国人怎么夸奖曾参，孔子还是严肃地对待此事，以便给后人留下正确的意见。很显然，上述"父叫子死"的说法，孔子是不同意的。不该死的，就不能轻易去死，即使有父命。

(3)先秦儒家都不主张盲目服从父母。

第一，不盲从。据《荀子·子道》中记载，当鲁哀公问孔子："子从父命，孝乎？臣从君命，贞乎？"儿子服从父亲的命令，是不是孝子？臣子服从君王的命令，是不是忠臣？孔子没有回答，出来告诉他的学生子贡说："子从父，奚子孝？臣从君，奚臣贞？审其所以从之之谓孝、之谓贞也。"子从父，怎么能说是孝子呢？臣从君，怎么能说是忠臣呢？要看在什么样的情况下听从什么样的命令，才可以说是孝、是贞(忠)。就是说要有分析，要分清是非，然后决定是否听从。可见，盲从君父的臣子，孔子不认为就是忠臣孝子。

第二，不行不义。据《孝经·谏诤章》中记载，孔子说：“故当不义，则子不可以不争于父，臣不可以不争于君。故当不义，则争之。从父之令，又焉得为孝乎?”一旦出现不义的事，儿子不能不与父亲争，臣子不能不与君王争。一旦有不义的事，儿子不争，还盲目服从父亲的命令，怎么能算孝子呢？臣子对君父的不义行为就应该提出批评，不批评就不是忠臣孝子。

第三，义高于父。据《荀子·子道》中记载，战国后期的大儒荀子将父子的对应关系归纳为：“从义不从父。”就是说义高于父。

儒家对于国君也不主张盲从。儒家主张：如果国君不听谏，那么臣子就可以辞职出走。孔子对于诸侯，“见志不从”，他带着弟子们就离开，因此，他们周游列国，无所留止。孔子说：“君子之事上也，进思尽忠，退思补过，将顺其美，匡救其恶，故上下能相亲也。”(《孝经·事君章》)孔子主张，君子对待君王，进朝时就要尽忠心，退闲时就想补救自己的过错，要服从正确的决策，纠正错误的想法。这样才能实现上下和谐，君臣相亲。孔子的孙子子思在回答鲁穆公问什么样是忠臣的时候说：“恒称其君之恶者，可谓忠臣矣。”(《郭店楚墓竹简》)经常批评国君的错误的人可以称为忠臣。《孟子·离娄上》载：“唯大人为能格君心之非。”这里的“大人”就是忠臣。“格君心之非”，就是批评国君心中错误的思想。臣子批评国君，对臣子没有好处，对国君大有好处。臣子只说好话，不敢批评国君，是为了保留自己的既得利益。忠臣为了国君的利益，不顾自己的利益，才敢于对国君提出批评。这是儒家的一贯主张，也是中国历史上忠臣与奸臣、清官与贪官普遍的不同表现。

后代流行于世的一对口号是："君叫臣死，臣不死，臣为不忠；父叫子亡，子不亡，子为不孝。"今人称此口号为愚忠愚孝。人们以为孔子、孟子都是提倡这种愚忠愚孝的。其实不然。儒家认为，父子与君臣，都是对应的关系。父子的关系是"父慈子孝"，君臣的关系是"君使臣以礼，臣事君以忠"(《论语·八佾》)。孔子是从正面论述的。为了强调这种对应关系，孟子以激烈的语言来表达，他说："君之视臣如手足，则臣视君如腹心；君之视臣如犬马，则臣视君如国人；君之视臣如土芥，则臣视君如寇仇。"(《孟子·离娄下》)君臣关系是这样的对应关系。虽然说"君为臣纲"，并不是绝对服从的关系。如果君无道，那就可以诛之，或者换掉。"当仁不让于师"，仁德高于师。爱老师，更爱真理。要有理性，不能盲从。这些道理都是相通的。

第四，孝与不孝。我们从先秦儒家的典籍中可以看到，先秦儒家认为孝有许多方面：一是能养；二是能敬；三是要和颜悦色；四是能慎终追远；五是三年无改父之道；六是事君尽忠，从道匡正；七是立身行道，扬名后世；八是应该有后嗣。

至于不孝，孔子说："五刑之属三千，而罪莫大于不孝。"邢昺注："五刑谓墨、劓、剕、宫、大辟也。条有三千，而罪之大者，莫过不孝。"(《孝经·五刑章》)三千种罪行要受到五种刑罚的惩治，其中最大的罪行是不孝。

孟子说："不孝有三，无后为大。"(《孟子·离娄上》)赵氏注："于礼有不孝者三事：谓阿意曲从，陷亲不义，一不孝也；家穷亲老，不为禄仕，二不孝也；不娶无子，绝先祖祀，三不孝也。三者之中，无后为大。"

孟子还有"五不孝"的说法："世俗所谓不孝者五：惰其四支(肢)，不顾父母之养，一不孝也；博弈好饮酒，不顾父母之养，二不孝也；好货财，私妻子，不顾父母之养，三不孝也；从耳目之欲，以为父母戮，四不孝也；好勇斗很(狠)，以危父母，五不孝也。"(《孟子·离娄下》)这五不孝，前三种不孝，都是由于各种原因不养父母，可以归纳为"不顾父母之养"。后两种是不爱惜自己，伤父母的心。前三种为物质方面的孝，后两种是精神方面的孝。孔子强调"敬"，事君尽忠，立身扬名，《孝经》讲的"光宗耀祖"也包括在精神方面的孝中。

董仲舒断狱，重视"原心"即动机。例如："甲父乙与丙争言相斗。丙以佩刀刺乙，甲即以杖击丙，误伤乙。甲当何论？或曰：'殴父也，当枭首。'论曰：'臣愚以父子至亲也，闻其斗，莫不有怵惕之心，挟杖而救之，非所以欲殴父也。《春秋》之义，许止父病，进药于其父而卒，君子原心赦而不诛。甲非律所谓殴父，不当坐。'"(《太平御览》卷六百四十，许止事见《公羊传》昭公十九年)乙、丙两人打架，丙用刀刺乙，乙的儿子甲拿着木棍打丙，误伤了他的父亲乙。如何处理甲？有的人说他打了父亲，应该杀头。董仲舒有不同的看法：父子最亲，听说有人打他，就拿着棍子去救，不是想打父亲。

按《春秋》的道理，许止的父亲病了，他送药给他父亲，父亲服药后死亡。作者根据他的动机而赦免了他。以上两件事都说明，凡事要考虑动机，没有犯罪的动机，就不能惩治。惩治是为了打击有害人动机的人。《盐铁论·刑德》载：“故《春秋》之治狱，论心定罪。志善而违于法者免，志恶而合于法者诛。”《汉书·薛宣传》中也有“《春秋》之义，原心定罪”的说法。这种说法是有合理性的，但是，水平低的法官不会“原心”，或者由于贪污受贿，借“原心”，贪赃枉法；或者由于个人品德问题，而随意妄断，制造冤假错案。不能实行“在法律面前人人平等”，有法不依，只能靠人治，虽或有明断者，更多的却是违法乱判。如果不能细心体会，殴父、药父，那就很难正确断案。何谓不孝，岂是容易分清的。孝不孝在于心，不从心上考察，岂能得出正确的结论。

总之，孝的基本精神就是让父母享受幸福。这个幸福包括精神与物质两个方面。

4. 孝在中国历史上的影响

第一，以孝治天下。汉代每位皇帝的谥号前面都有一个“孝”字，如孝文皇帝、孝武皇帝。这虽然只是形式，也很重要。另外，汉代有所谓“举孝廉”，就是推举孝子和廉吏当官。汉唐时代都设有“孝悌力田科”，清代还有“孝廉方正科”，历朝都有选拔孝子做官的规定，因为人们都认为忠臣必出于孝子之家。

第二，《孝经》的影响。汉时流行的《孝经》是“五经”之外的“经”。学习过《孝经》，也成为一条作帝位继承人的理由。例如汉昭帝时，大将军霍光上奏说：“孝武皇帝曾孙病已，有诏掖庭养视，至今年十八，师受《诗》、《论语》、《孝经》，操行节俭，慈仁爱人，可以嗣孝昭皇帝后，奉承祖宗，子万姓。”(《汉书·宣帝纪》)病已就是后来的汉宣帝。霍光认为病已学习过《孝经》和《论语》，又有好品德，节俭，慈仁爱人，可以胜任天子这个职位。

许多思想家也都受到《孝经》的影响，董仲舒就是受到《孝经》影响很深的思想家，他吸收《孝经》中的一些思想来论证自己的观点。今本《春秋繁露·五行对》载：

> 河间献王问温城董君曰：“《孝经》曰：‘夫孝，天之经，地之义。’何谓也?”对曰：“天有五行，木、火、土、金、水是也。……由此观之，父授之，子受之，乃天之道也。故曰‘夫孝者，天之经也’，此之谓也。”“勤劳在地，名一归于天，非至有义，其孰能行此。故下事上，如地事天也，可谓大忠矣。”“忠臣之义，孝子之行，取之土。土者，五行最贵者也，其义不可以加矣。……此谓‘孝者，地之义也’。”

董仲舒提出五行相生的理论，并且将相生的前后视为父子关系。

他从父子关系引出孝与忠的道德，认为这是天经地义的。用五行说来解释《孝经》中的说法，是董仲舒理论的一大特色。《孝经》的一些内容，被《春秋繁露》和《韩诗外传》等书所引用，说明《孝经》在汉代的影响是很大的。《史记·太史公自序》中引了《孝经》中的话："孝始于事亲，中于事君，终于立身。扬名于后世，以显父母，此孝之大者。"这些说法成为司马迁撰写《史记》的动力之一。司马迁能够忍辱负重，撰写完《史记》，是继承父亲的遗志，是大孝的表现。

第三，孝女曹娥的故事。东汉时代有一名孝女曹娥，父溺江而死，十四岁的她沿江寻尸，七日不见，就投江自杀。后来在江边上发现她负父尸浮出，被称为孝女，并将此江命名为"曹娥江"。曹娥是孝女的代表，受到后世的尊重，建庙纪念她。而同在东汉时代的浙江思想家王充，比曹娥略早，却没有祠庙，只有一堆坟墓在茶园之中。

曹娥庙是一个古建筑群，琉璃瓦金碧辉煌，颇为壮观。大殿三进，还有东殿与西殿，名人、政要的题字、题匾、对联非常多。当然还有一块特别著名的"曹娥碑"，由于上了名著《三国演义》，声名大噪，给读者留下十分深刻的印象。(《三国演义》第七十一回，说曹操到蔡邕的女儿蔡琰家，看到挂着一张碑文图轴，上写"黄绢幼妇外孙齑臼"，当时曹操的主簿杨修先猜出这八字的隐语是"绝妙好辞"，曹操走了三十里才想出来。现在，曹娥庙中还保存着这块石碑宋代的复制品。)曹娥庙中有明代董其昌的楹联："渺渺予怀尝思所求乎子何事，洋洋如在试问无忝尔生几人。"还有清代状元刘春霖的对联：

“百行孝为先，至性感人，余热泪；大江流不尽，夕阳终古，咽寒涛。”民国戴传贤对联：“千秋庙祀彰灵孝，万古江流着大名。”王孝赉的对联比较长，上联是“二千年庙貌重新，孝崇庙典，女受庙封，炎汉以来，一庙累朝褒孝女；”下联是“百十里江流依旧，曹称江姓，娥易江名，虞舜而后，半江终古属曹娥”。这说明中国传统重视智慧，更重视道德。所以讲培养人才全面发展，讲德、智、体，总是将德放在首位。讲“三不朽”，也是将“立德不朽”放在首位，孝是德中最重要、最根本的。人们重视突出孝德的曹娥，大大超过能立言、有智慧的王充。这只能说有主次之分，并不能据此说明中国有“反智”的传统。中国人很重视智慧，对诸葛亮的崇拜，就是明显的例子。

第四，《二十四孝》的编撰与流传，也说明孝德影响的深远。元朝人所编《二十四孝》中讲的事迹，有的不应该提倡，不但在现在不适合，在古代也不合《孝经》思想与儒家精神。例如“郭巨埋子”，就不符合孟子讲的“不孝有三，无后为大”。有的则是神话性质，不可信为真事，其基本精神是可以肯定的。我以为应该根据儒家精神和《孝经》思想，重新编写历史上的《二十四孝》。例如司马迁、岳飞等，更应该列在孝的楷模中。

第五，孝在现代的中国。1999 年 2 月 7 日上午，由民政部等六部门联合评选出的“敬老好儿女金榜奖”颁奖活动在人民大会堂举行。获奖者是 967 名孝子。2004 年 9 月 25 日，山东省嘉祥县评选出二十四孝星，在“国际孝文化论坛”上颁奖。许多地方，也有类似评奖活动。这是五年间的变化。《光明日报》2004 年 9 月 6 日赵伟平与潘剑凯合作报道的《现代教育还要“崇孝”吗——浙江省上虞市大力加强未成年人孝德教育》一文中介绍了退休教师郑桂明倡导孝德的事迹。“二十四孝”之首虞舜和曹娥的故事都发生在上虞市。文章明确提出“孝敬父母是中华民族的传统美德”，“孝敬父母要从小事做起”，实践证明少年儿童经过孝的教育以后，变懂事了。过去将孝敬父母看成是封建主义的东西，有失偏颇。现在有的地方，规定有不孝表现的干部，取消晋级，一票否决。

第六，孝在国外的影响。孝德在中国影响之深，可以说无与伦比。在中国以外，孝德也有很大的影响。日本关西大学综合图书馆里有许多名教授、名学者的文库。其中有玄武洞文库，是一个孝子企业家的藏书。他所收集的《孝经》各种版本达四百八十三种，五百七十册，是全日本最全的，可能也是全世界最全的。一册目录书名《家藏孝经类简名目录稿》，编者是田结庄金治氏，于昭和十二年在大阪的玄武洞文库出版。《汉书·艺文志》著录以后，可以见到的有(汉)孔安国传、(汉)郑玄注、(隋)刘炫述义、(唐)玄宗御注、(唐)元行冲疏、(宋)邢昺正义、(宋)司马光指解、(宋)朱熹刊误、(元)董鼎大义、(明)江元祚大全、(清)阮元校勘记等。《孝经》传到日本的年代，据林秀一博士的《日本孝经年谱》考证，推古天皇十二年即公元604年的十七条宪法中引用了《孝经》的话，说明在六七世纪的隋唐之前已经传入日本。日本学者还根据《二十四孝》，编写日本的《二十四不孝》，可以说是受到《二十四孝》与《儒林外史》的双重影响。

第七，其他宗教也讲孝。现在有的佛教法师也在讲孝。例如慧天法师讲述，陈聪德居士整理的《净话》中就有《孝亲颂》的内容，其中提到“我的一切，都是父母的恩赐”，“孝心是宇宙人间永恒的真理”。有居士印《孝学颂》，其中“青少年福智十善法”，第一法就是“孝顺父母”。佛教也提倡孝德。

被称为“犹太人的第二部圣经”的《塔木德》“成书于公元 3 世纪到 5 世纪”，赛妮亚编译的《塔木德》2004 年 3 月由内蒙古人民出版社出版。该书第四章《婚姻与家庭》最后一节也讲“孝敬父母”，许多内容与儒家所提倡的思想是一致的。例如孔子讲不但要“养”，还要有“敬”。孔子说：“今之孝者，是谓能养。至于犬马，皆能有养。不敬，何以别乎?”(《论语・为政》)《塔木德》中也有类似内容。不知道是相互影响的结果，还是“智谋之士，所见略同”。

5. 现代的孝德分析评价

孝与忠并列，在中国两千多年中，一直是非常重要的道德内容。只是到了 20 世纪，从五四运动到“文化大革命”，受到不同方式的批判，但在民众中仍然根深蒂固，深入人心。最近几年，博士论文写孝的逐渐多了，有一年我就看了两本关于孝的博士论文。其中一本是肖群忠博士的论文，现已由人民出版社出版，书名为《孝与中国文化》。我的博士生吴锋的博士论文也写的是孝，已由吉林人民出版社出版，书名为《中国传统孝观念的传承研究》。在日本，我也看到在名古屋大学的博士留学生庄兵和梁音也都是写关于孝的论文。韩国在中国的留学生李庚子写的学位论文是《两汉的“孝教”思想研究》。说明孝这个中国思想的特产在现代社会还有其广阔的市场。许多年轻的博士生研究孝以后，并不认为孝是应该全盘否定的糟粕。他们认为，对孝应该加以研究，发掘其中的合理性，经过改造，让它重新散发光辉，为新社会新时代发挥特殊的作用。

人与人之间的关系如果不是木石，如果需要人情味，那么，这人情味就应该从孝开始。对于养育自己的父母不孝，怎么可能对其他人有爱心？如何会有博爱？人人没有爱心的社会是多么的可怕！崇孝，应该提倡！特别是对未成年人的教育，这是最基础、最根本、最重要的一项。父慈子孝，是和睦家庭的基础，和睦家庭是和谐社会的正常细胞，和谐社会又是和平世界的前提条件。孝是建设幸福人生的最重要道德，是“天经地义”的。

6. 关于孝的两大争议

古今对于孝，有两大争议：

一是子为父隐。《论语·子路》中记载直躬，“其父攘羊而子证之”，而孔子主张“父为子隐，子为父隐，直在其中矣”。《韩非子·五蠹》载：“楚之有直躬，其父窃羊而谒之吏，令尹曰：‘杀之。’以为直于君而曲于父，报而罪之。以是观之，夫君之直臣，父之暴子也。”《吕氏春秋·当务》载：“楚有直躬者，其父窃羊而谒之上，上执而将诛之。直躬者请代之。将诛矣，告吏曰：‘父窃羊而谒之，不亦信乎？父诛而代之，不亦孝乎？信且孝而诛之，国将有不诛者乎？’荆王闻之，乃不诛也。孔子闻之曰：‘异哉！直躬之为信也，一父而载取名焉。’故直躬之信，不若无信。”

事情的经过是这样的：楚国有一青年发现父亲偷了人家的羊，就向官府告发。楚国的令尹说：“杀了。”官府抓来直躬的父亲准备杀，直躬请求代替父亲死。将要杀直躬的时候，直躬又说：“父亲偷羊，我向官府告发，不是诚信吗？我要代替父亲死，不是孝子吗？杀了守信而且孝顺的人，这个国家还有不该杀的人吗？”楚王听到这个说法以后，就不杀他了。直躬到底是不是孝子？孔子认为直躬揭发其父并替父去死，两次取得名声。“载”，同再。指告官为信，代死为孝。吕书认为，“直躬之信，不如无信”，“无信”，就是不揭发。那就是孔子所说的“子为父隐”。韩非认为直躬告官，“直于君而曲于父”，“夫君之直臣，父之暴子也”。说他忠而不孝。按韩非的说法，直躬的父亲应该是被杀了的。吕书的说法，内容更丰富了。有孔子“载取名”的说法，也许是有根据的，否则，吕书怎么敢挂在城墙上向天下人征求意见呢？关于何为“隐”，应结合《孝经》来理解。

孔子不赞成直躬的直，主张子为父隐。《吕氏春秋·当务》认为“直躬之信，不如无信”，也是批评直躬的信。《庄子·盗跖》认为“直躬证父”是“信之患也”。《淮南子·氾论训》说直躬证父，“虽有直信，孰能贵之”。《吕氏春秋》和《淮南子》都是集体创作的巨著，都否定直躬证父，说明是当时高层知识分子的共识。应该提到的是汉宣帝下诏曰：“自今子首匿父母，妻匿夫，孙匿大父母，皆勿坐。”（《汉书·宣帝本纪》）说明汉宣帝也肯定“子为父隐”。

父子互隐对不对？从人情上讲，当然是对的；从国法上讲，自然不合法。所谓“忠孝不能两全”，这里也可以看到相矛盾的问题。一个时期强调忠，批判孝，这当然也是批判儒学的重要内容。如果人与人之间没有亲情，没有恩怨，一切按国法办事，这个国家就不可能维持和谐。人都是单个的人，社会就不存在温馨，也就没有幸福。

二是舜父杀人。桃应问曰：“舜为天子，皋陶为士，瞽叟杀人，则如之何?”孟子曰:“执之而已矣。”“然则舜不禁与?”曰:“夫舜恶得而禁之?夫有所受之也。”“然则舜如之何?”曰:“舜视弃天下犹弃敝屣也。窃负而逃,遵海滨而处,终身䜣然,乐而忘天下。”(《孟子·尽心上》)

大意是:桃应问,舜当天子,他的父亲杀人了,负责治安的士(皋陶)该怎么办?孟子说:把他抓起来就是了。对方又问:舜不阻止吗?孟子回答:舜怎么能阻止呢?已经授权给皋陶处理了。对方又问:那么舜该怎么办?孟子说:舜放弃天下大权就像扔掉破草鞋。他会偷偷地背着父亲逃到海边隐居起来。终身与父亲相处,快乐地过日子,忘掉天下。这里将孝顺父亲看得比治理天下还要重。宁可放弃天下之权,也不能放弃父子之情。

舜从来没有这么做过。这只是孟子对舜的猜想。关于舜的做法对不对,有争议。有的人认为这是中国腐败的总根源,有的人认为不是这样的,对此展开过激烈的讨论,发表多篇文章,汇编成《儒家伦理争鸣集——以“亲亲互隐”为中心》一书,由郭齐勇主编,湖北教育出版社出版。

现在有些贪污犯也是为了亲属而违犯党纪国法,最终受到制裁。所以有的学者提出,孟子的理论是腐败现象的总根源。孟子在这里强调孝的重要性,认为掌握天下大权没有孝心重要。但是,现在的腐败分子并没有将掌握天下大权放在孝心之下,也没有人辞职带着父亲隐居到偏僻地区,去过贫困的日子。儒家虽然也讲“大义灭亲”,往往只是大人灭晚辈的“亲”,没有子女灭长辈的“亲”。因此,荀子说“从义不从父”,还是很值得注意的。这说明义大于亲。

某副市长有受贿行为，他的儿子和女儿对他进行“几谏”，他答应将赃款全部退掉。2004 年 12 月，一个老板犯罪，被公安机关抓获，为了立功减刑，交代了他向领导行贿一事。2005 年 3 月，市纪委找这位副市长谈话，这位副市长很坦然地交代了受贿的问题，并早已全部退还，被免予起诉。这时，他内心深处感激自己的儿女。孝子“几谏”，避免陷父亲于不义，使之躲过一场灾难。[①] 这就是孔子所说的“当不义，则子不可以不争于父”。有这样事亲的“几谏”和事君的“匡救”，才有“上下能相亲”的和睦家庭与和谐社会。一呼百应，唯唯诺诺，一时似乎上下一致，万众一心，实际上掩盖着矛盾。时间一长，矛盾逐渐扩大、加剧，一旦爆发，就不可收拾。

---

① 《报刊文摘》2005 年 9 月 23 日摘转《政府法制》半月刊第 9 期上。

第十课　儒家谈礼

先秦儒家典籍对礼乐制度有很多论述。周公制礼作乐，成为礼乐制度的创建者。孔子是以礼乐进行教化的教育家。礼乐教化是中华民族的重要传统。《礼记·乐记》曰：“礼以道其志，乐以和其声，政以一其行，刑以防其奸。礼乐刑政，其极一也。所以同民心而出治道也。”礼用来表示心里的志，乐用来倡导和谐的声音，政令用来统一群众的行动，刑罚用来防止奸诈行径。这四项有一个共同的目标，那就是为了统一民心。这个方案是以礼为主要内容的方案，所以也叫“礼治”，与“法治”相对应。儒家提出“礼乐刑政，其极一也”。已经包含法治的内容，所以这是综合了“礼治”与“法治”的方案。

1. 礼与乐

中国礼乐制度源远流长。据《礼记》记载，远古时代就有各种乐，如说：“黄帝乐曰‘咸池’，颛顼乐曰‘六茎’，帝喾乐曰‘五英’，尧乐曰'大章'，舜乐曰'箫韶'，禹乐曰'大夏'，汤乐曰'大护'，周乐曰'大武'、'象'，周公之乐曰'酌合'，曰'大武'。"(《白虎通·礼乐》)关于礼的产生，似乎并不那么早。《论语·为政》中记载孔子的说法："殷因于夏礼，所损益可知也；周因于殷礼，所损益可知也；其或继周者，虽百世，可知也。"《论语·八佾》载：孔子又说："夏礼，吾能言之，杞不足征也；殷礼吾能言之，宋不足征也。文献不足故也。足，则吾能征之矣。"由此可见，礼在夏代就已经有了。

西周时代，周公制礼作乐，形成了比较完善的礼乐制度。因此，孔子说："周监于二代，郁郁乎文哉！吾从周！"(《论语·八佾》)二代指夏代和殷代，周代借鉴了夏、殷两代的礼制，又作了适当的改革，因此比较完善，孔子选择的是周代的制度，这是完全可以理解的，由此可见，孔子并不是复古主义者，他选的是最后一代。

礼乐的根据是什么？荀子认为礼有三本："天地者，生之本也；先祖者，类之本；君师者，治之本也。""故礼，上事天，下事地，尊先祖而隆君师，是礼之三本也。"(《荀子·礼论》)荀子又在《礼论》的开头就说："人生而有欲"是先王制定礼仪的根据。人有欲望，有竞争，先王为了稳定社会，保存人类，制定礼仪，来协调人际关系，使贵贱有差别，而不至于太悬殊。一方面，"养人之欲，给人之求"，使一般人特别是弱者都能得到生存的基本需要；另一方面，"又好其别"使"贵贱有等，长幼有差，贫富轻重皆有称者也"。"称"，指与身份、社会地位相对应的享受。礼是对富贵、强者的抑制，是对弱者的保护，因此礼有断长续短的作用。礼除了尊天敬鬼之外，重要的是尊贵敬老。在朝廷上按贵贱排序，就是体现尊贵的精神。在乡党聚会时，按长幼排序，就是敬老的意思。《礼记·乡饮酒义》载："乡饮酒之礼，六十者坐，五十者立侍，以听政役，所以明尊长也；六十者三豆，七十者四豆，八十者五豆，九十者六豆，所以明养老也。民知尊长养老，而后乃能入孝弟，民入孝弟，出尊长养老，而后成教，成教而后国可安也。"培养尊长养老的社会风俗，教化才能形成，国家才能安定。

至于礼和乐各有什么作用，那是很复杂的问题。《孝经》曰："安上治民，莫善于礼；移风易俗，莫善于乐。"礼是为了建立正常的社会秩序，稳定社会。核心原则就是"尊人自损"，注重"忠信"。所谓"忠"，就是强调真心，讲真话，不虚伪。所谓"信"，就是诚信，守信用，不欺诈。忠信的精神实质就是尊重别人，皇帝也要尊重臣子，"君使臣以礼，臣事君以忠"，君臣之间的关系，应该是互相尊重。《白虎通·礼乐》说："以贵下贱，大得民也；屈己敬人，君子之心。"为什么得民心，就是尊重下层的人，特别是社会底层的人。这是君子风度和思想境界。乐是为了改善社会风气，最终也是为了稳定社会。《白虎通·礼乐》中引孔子的话说："乐在宗庙之中，君臣上下同听之，则莫不和敬；族长乡里之中，长幼同听之，则莫不和顺；在闺门之内，父子兄弟同听之，则莫不和亲。故乐者，所以崇和顺，比物饰节，节奏合以成文。所以合和父子君臣，附亲万民也。是先王立乐之意也。"文章接着说："故听其雅颂之声，志意得广焉；执干戚，习俯仰屈信，容貌得齐焉；行其缀兆，要其节奏，行列得正焉，进退得齐焉。故乐者，天地之命，中和之纪，人情之所不能免焉也。夫乐者，先王之所以饰喜也；军旅铁钺，所以饰怒也。故先王之喜怒，皆得以齐焉。喜则天下和之，怒则暴乱者畏之。先王之道，礼乐可谓盛矣。闻角声莫不恻隐而慈者，闻徵声莫不喜养好施者，闻商声莫不刚断而立事者，闻羽声莫不深思而远虑者，闻宫声莫不温润而宽和者。"这说明音乐对人们的情绪影响极大。礼注重的是社会的等级，身份的差别，是对异的体现。与此相反，乐强调的是同，父子、君臣、上下级以及老幼，都要"同听"，达到和：和敬、和亲、和顺。《论语·学而》载："礼之用，和为贵。"总之，礼乐追求的是和谐，它们的差别在于：礼是从异中求和，乐是从同中求和。礼乐都要建立在合理的基础上，都要遵循义的原则。

2. 礼治与刑政

孔子说："道之以政，齐之以刑，民免而无耻；道之以德，齐之以礼，有耻且格。"(《论语·为政》)如何治理人民？古人都从人性特点进行过理论探讨。孔子认为人性是相近的，在后天的生活实践中逐渐扩大差别。孔子强调创造好的环境，又重视个人的努力，一方面要移风易俗；另一方面又要自强不息。孔子提出治理天下的两条路线：一是以刑政；一是以德礼。这两种办法都能治理，效果不同。以德礼治理的为礼治，以刑政治理的是法治。孔子认为礼治比法治优越。孟子认为人性都是善的，只要发挥善，加以培养，就会成为善良的人。如果放弃培养，又受到外物的诱惑，就可能丧失本性，变成坏人。孟子讲环境的重要性时，又不忘记个人的自觉。孟子的观点基本上属于礼治的路线。荀子认为人性本来是恶的，任其发展，必然导致社会败坏。他主张一方面用圣人制定的礼乐制度来教育、引导，使之向善；另一方面用政府的法制来约束人的行为，就是法制和赏罚，这就是法治。用赏来鼓励人们服从教化，用罚来阻止人们违法乱纪。荀子兼有礼治与法治。后来他的弟子韩非只讲法治，建构起完整的法家理论体系，“一断于法”，以政府规定的法作为一切是非、荣辱、褒贬、赏罚的标准。理想社会就是令行禁止，上下都服从法律，天下就太平了。这就是当时的“以法治国”。以韩非为代表的法家认为，一切亲情、道德，都不能干扰法的实施。因此，他们提倡在法的面前人人平等，铁面无私，“大义灭亲”，“王子犯法，与庶民同罪”，“刑过不避大臣，赏善不遗匹夫”(《韩非子·有度》)，执法要取信于民。秦采纳法家的主张，奖励耕战，强国富民，取得明显效果。本来很小的秦国强大起来，吞并六国，统一天下，事实证明了秦国政治及法家理论的合理性。由于忽视了文化建设，忽视了道德伦理的社会作用，陷于极端片面性，结果逼得人民起来造反，强大的秦国很快就被农民起义所推翻。这一历史事实也证明了单纯法治的片面性。

儒家与法家的关系，有的人说是对立的，也有人认为不是对立的。我们从先秦三大儒来看，孔子曾经赞扬过春秋时代的著名法家人物管仲、子产。孔子赞扬管仲在《论语·宪问》中有记载。孔子说："桓公九合诸侯，不以兵车，管仲之力也!"又说："管仲相桓公，霸诸侯，一匡天下，民到于今受其赐。微管仲，吾其被发左衽矣。"孔子对管仲的评价，认为管仲这个人物虽然也有不少的缺点，但他的业绩能够为民造福，功在当代，利在千秋。孔子对于另一个著名法家人物、郑国相子产也有评价。子产实行改革，开始有群众反对，实行改革三年后，群众得到实惠，开始拥护子产改革。他弥留之际，告诉子大叔说："我死后，你一定执政。只有高尚道德的人可以以宽松的政治来使人民服从，一般人只能实行严厉的猛政。火是人们害怕的，不敢违犯，所以死于火的人比较少。水柔弱，人们喜欢玩水，因此死于水的人很多。因此，要实行宽松的政治是比较难的。"孔子非常赞赏这一套治理观念。并且说："善哉！政宽则民慢，慢则纠之以猛。猛则民残，残则施之以宽。宽以济猛，猛以济宽，政是以和。"子产死的时候，孔子听说，哭着说："古之遗爱也。"(《左传》昭公二十年)子产有古代善政遗风，受到百姓爱戴。

战国时代的儒家孟子也没有否定法治的重要性，如他说："徒善不足以为政，徒法不能以自行。"(《孟子·离娄上》)只有善良的愿望做不了政治，需要法制。只有法制也不行，法制需要有人去贯彻。这里表达了"不能无法以治国"的思想，也包含法治与人治辩证关系的深刻思想。

荀子更强调法的重要性，他认为“令行禁止，王者之事毕矣”(《荀子·王制》)。历代儒者也都知道法制的重要性，同时也认为只有法制还不够。比较典型的有苏轼的说法。他说：“任法而不任人，则法有不通，无以尽万变之情；任人而不任法，则人各有意，无以定一成之论。”(《东坡全集》卷一百八《王振可大理少卿》)世间极其复杂，法不能穷尽各种细节，需要有人给予解释、贯通。没有法制，就没有统一的标准，人人各行其是，不知道谁的对。

汉代思想家研究前代的经验教训，认为礼乐教化作用不可忽视，刑政制度也是必要的。只强调一方面是片面的、有害的，在实际中行不通。他们认为：礼防于未然之前，法禁于已然之后。两者是相辅相成、缺一不可的。

第十一课　儒家谈教化

教化是通过教育，变化人的气质。变化气质的教育，就是素质教育。儒家从孔子开始就是重视教化的，孔子是大师，子思、孟子、荀子也是大师。汉以后，唐代韩愈也是大师，提出教师的职责是“传道、授业、解惑”，提出“千里马常有，伯乐不常有”的看法，都受到学术界的重视，提出儒家道统，也很有影响。宋代朱熹则是理学大家，他教育出一批学问品德都很杰出的学者。他编的教材《四书集注》影响深远。我们重点讲西汉政治哲学家董仲舒这位伟大的教育家。他研究《春秋》公羊学，任博士，被视为汉初几十年中最精通这门学问的经学大师，跟他学习的学生很多，没有办法一一指教，只能给一部分学生讲解，再让这些学生去给其他学生传达。这样一来，有的学生跟他学习几年，却没有机会见他一面。他的学生最著名的有兰陵褚大、东平嬴公、广川段仲、温吕步舒、吾丘寿王等。褚大任梁相，吕步舒精通《春秋》，任长史，奉命处理淮南狱，以《春秋》义正之，“天子皆以为是”。还有一个学生叫吾丘寿王，高材通明，为汉武帝出谋划策，汉武帝称赞他“天下少双，海内寡二”(《汉书·吾丘寿王传》)。他曾在朝廷上驳公孙弘，违群僚议，都得到汉武帝的赞赏。嬴公“守学不失师法”，授徒传业，成为名师，他把董仲舒的学问传授下去，产生很大的影响，在昭帝时任谏议大夫。董仲舒的学生任郎、谒者、掌故者有一百多人。他的子孙“皆以学至大官”。学生成才，证明他的教化是成功的。他对于教化的重要性，对于教化的因素与法则，对于教化的本质与规律，教化的方法与目标，都有系统的论述。下面介绍一些董仲舒的教化思想，主要是对现代教育还有参考价值的内容。

1. 教化为治国大务

首先，董仲舒认为教化是治理国家的重大任务。教化本来是为所有统治者所重视的。到了秦朝，统治者认为只要奖励耕战，耕者富国，战者强兵，国富兵强，能够吞并六国，统一天下，就可以了。秦朝的结局就是在人民造反中覆灭。继秦而起的汉初统治者继承秦朝的制度，还不太了解秦亡的根本原因，并没有引起对于教育问题的重视。刚登上九五尊位不久的汉武帝提出如何才能长治久安，“传之亡穷而施之罔极”，董仲舒的回答强调教育的重要性，他说：“圣王已没，而子孙长久安宁数百岁，此皆礼乐教化之功也。”(《汉书·董仲舒传》)圣王死后，他的子孙还能稳坐江山几百年，就是因为有完善的礼乐制度对人民进行教化的结果。

教化对于政治如此重要，有什么根据呢？教化的作用主要有两方面：一是移风易俗；一是培养贤才。治理国家要有一定的路线，古代把这种治国路线称为“治国之道”。儒家认为治国之道的具体内容是仁义礼乐制度。这是圣人根据人的一般的情与性来规定的。所以圣人虽然早已死了，而他们制定的制度还存在，还能“接于肌肤，臧(藏)于骨髓”，对人民产生深刻的影响，可以“变民风，化民俗”，起着明显的移风易俗的作用。教化可以培养贤才，来维护、实行圣王制定的制度，还会根据圣王的精神，因时因地进行改革，他称之为“更化”，改弦更张。这样这些贤才、圣王的制度才有活力，才能适应社会的发展，不断延续下去。

所有的统治者都有两手。古代称德与刑，教化与刑罚。西方则说是橄榄枝和大棒，或者牧师与刽子手。总是一手软的，一手硬的。汉代思想家认为秦朝统治者只用硬的一手，不用软的一手，因此很快灭亡。贾谊说：“仁义不施而攻守之势异也。”(《过秦论》)董仲舒针对这种情况，提出天意在于任德，“天之任德不任刑”。但是，他又说，只有德没有刑，也不行。所以，他强调任德的同时，应该有刑作为辅助，最好设而勿用。他说：“教，政之本也；狱，政之末也。其事异域，其用一也，不可以不顺。故君子重之也。”(《春秋繁露·精华》)教育是政治的根本，提高人民的道德水平，是统治者维护社会秩序和统治地位的需要。监狱是刑罚的主要形式，是政治的次要手段。这两者要“相顺”。所谓“相顺”，也就是一致。教是劝善，狱是惩恶，两者相辅相成，殊途同归。如果教育宣传扬善去恶，而现实却是恶人上公堂，好人进监狱。那就是教与狱不相顺。西汉时代有这种纵容奸佞、冤枉善良的现象，所以，董仲舒提出必须“更化”，即进行政治改革，使二者相顺，使刑罚与教化相一致。

人民是趋利避害的，而且是比较盲目的，随着上头行动的。所谓上行下效。统治者可以用德政来引导人民向善，也可以用暴政引诱人民趋恶，关键在于统治者的榜样作用。他说：“夫上之化下，下之从上，犹泥之在钧，唯甄者之所为；犹金之在镕，唯冶者之所铸。”(《汉书·董仲舒传》)如何防止人民之中有动乱呢？董仲舒认为可以用教化来预防。因此，他说：“是故教化立而奸邪皆止者，其堤防完也；教化废而邪并出，刑罚不能胜者，其堤防坏也。”(同上)教化是堤防，教化完善，不正之风就少，社会就会安定；教化不完善，堤防崩坏，腐败现象就会到处泛滥，社会就会陷入混乱。这说明教化这种社会堤防是极其重要的，是社会有序的保证。古代统治者明白这个道理，所以“南面而治天下，莫不以教化为大务”(同上)。古圣王“立大学以教于国，设庠序以化于邑，渐民以仁，摩民以谊(义)，节民以礼，故其刑罚甚轻而禁不犯者，教化行而习俗美也”(同上)。古代圣王设立各级学校，加强教育，才能长久维护社会秩序，保持统治地位，巩固家天下的江山。

现实政治有两条道路：一是有道；一是无道。行大道就是“任德教而不任刑”。行亡道就是“废德教而任刑罚”。董仲舒认为圣王继乱世，就要扫除社会旧的不良习俗，清除旧的社会遗留下来的残余影响，然后建立一套新的适合新时代的礼乐制度，大兴教育，对人民进行教化，移风易俗，建立良好的社会风气，维持正常的社会秩序。有了制度的保证，即使是新的继位天子没有什么能力，也可以靠制度来维持较长时间，不至于出现动乱。正如贾谊在《上疏陈政事》中所说："卧赤子天下之上而安，植遗腹朝委裘而天下不乱，当时大治，后世诵圣。"贾谊主张"众建诸侯而少其力"，这样，"力少则易使以义，国小则亡邪心"，"下无倍叛之心，上无诛伐之志"，天下也就自然安定了。贾谊是从势的方面为汉朝统治者出谋划策，削弱诸侯势力，保证长治久安。董仲舒则是从德教方面为汉朝统治者出谋划策，强化儒学教育，追求长治久安。思路不同，目标却是一致的。贾谊讲的是现实的制度，道理明白；而董仲舒讲的是比较抽象的道理，也许当时有人认为比较迂腐，带有严重的书生气，而这种理论是董仲舒长期研究社会政治问题而提出的，是企图从根本上解决社会动乱的问题。董仲舒认为周初制礼作乐，稳定了几百年，"至周之末世，大为亡道，以失天下"。后继者秦王朝没有改变乱世的习俗，反而把乱世习俗推向极端，不但不重视教育，还变本加厉，破坏文明，企图彻底消灭先王之道。"重禁文学，不得挟书，弃捐礼谊而恶闻之，其心欲尽灭先王之道，而颛(专)为自恣苟简之治，故立为天子十四岁而国破亡矣。"(《汉书·董仲舒传》)秦王朝迅速灭亡是由于不重视德教，汉承秦制，这种遗毒还存在，"今废先王德教之官，而独任执法之吏治民"，这不是要步秦朝灭亡的后尘吗？也就是说是否实行德教，是国家能否长治久安的决定性因素。军事实力也是维持统治的重要因素，也是不可或缺的，但长期起作用的还是教育。董仲舒提出更化的主张，从不重视教育转化到重视教育上来，才能国泰民安。从这个意义上说，“治乱废兴在于己，非天降命不可得反，其所操持悖谬失其统也”(《汉书·董仲舒传》)。国家治乱不是由天命决定的，而是由统治者自己决定的，是自己实行什么路线决定的，是由重视教育还是不重视教育决定的。从这一点上说，常讲天人感应的董仲舒还是很唯物的，还是重视人的主观能动性的。

2. 太学为教化本原

要长治久安，就要移风易俗。要移风易俗，就要重视教化。要重视教化，就要培养一大批人才，“众圣辅德，贤能佐职”(《汉书·董仲舒传》)。因此，董仲舒建议设置太学，作为培养人才的专门机构。同时，各级政府也要设置相应的教化机构，以便培养各级人才。人才不是临时就能聚集来的。皇帝下诏书，要各郡国推荐人才，许多郡国人口几十万，却推荐不出一个人来。为什么？这是“士素不厉也”，知识分子平常不努力读书，不认真研究社会问题和理论；另一方面的问题则是统治者“不素养士”，平时不注意培养知识分子。平时不培养，临时抱佛脚，自然不行。“故养士之大者，莫大乎太学。

太学者，贤士之所关也，教化之本原也。”(《汉书·董仲舒传》)因此，董仲舒建议：“臣愿陛下兴太学，置明师，以养天下之士，数考问以尽其材，则英俊宜可得矣。”(同上)

现实情况不令人乐观。“今之郡守县令，民之师帅，所使承流而宣化也。故师帅不贤，则主德不宣，恩泽不流。今吏既亡教训于下，或不承用主上之法，暴虐百姓，与奸为市，贫穷孤弱，冤苦失职，甚不称陛下之意，是以阴阳错谬，氛气充塞，群生寡遂，黎民未济，皆长吏不明，使至于此也。夫长吏多出于郎中，中郎吏，二千石子弟选郎吏，又以富訾，未必贤也。”(同上)郡守县令这些地方官，上不能正确领会皇帝精神，下不能教训人民，多数是不称职的。原因是他们的来路有问题，不是太学培养的。一种是买的官位；一种是官员的子弟选拔到朝廷当郎中、中郎吏、郎吏，然后再由那里派出去当官的；还有一种官员是熬年头熬出来的。董仲舒认为这些官员未必是贤人。特别是那些高官子弟，平时社会地位比较高，也比一般人富裕，很难成为贤人。这种制度使高官子弟不用学习也能当大官，百姓子弟努力学习也当不上。虽有太学，也无法进行教化。熬年头的弊端在于论资排辈。因此，董仲舒提出：“毋以日月为功，实试贤能为上，量材而授官，录德而定位，则廉耻殊路，贤不肖异处矣。”不要看他干了多少年，要根据他的道德与才能来任职。“累日以取贵，积久以致官，是以廉耻贸乱，贤不肖混淆，未得其真。”这样贤才与不肖者就分不清了，办了太学，口头上也讲要重视教化，没有用人制度的保证，这些都会流于空谈。应该实行选拔贤才的制度，

“小材虽累日，不离于小官，贤材虽未久，不害为辅佐”(《汉书·董仲舒传》)。不采取论资排辈的用人方针，才会真正聚集贤才，为国家出力，也才会鼓励青年人进取，增强上进心。事业兴衰的关键在于人才，凝聚人才的关键在于知人善任，知人善任的基础是远见卓识、无私无畏。领导者的水平高低就表现在出主意与用人才上。

3. 人性是教化的根据

董仲舒认为人性是未善的。“圣人之性”是善的，“斗筲之性”是恶的，“圣人之性”是不用教育的，“斗筲之性”是教化不了的。这些极好极恶的人是极少数的，没有代表性，所以不能叫性。他说：“名性，不以上，不以下，以其中名之。”(《春秋繁露·深察名号》)绝大多数的“万民之性”是中等的，非善非恶的性，才是要讨论的人性，才能叫人性。“万民之性”“有善质而未能善”，既能成长为善，也能转化为恶。要使善质成长为善，需要经过王者的教化。他说：“性者，天质之朴也；善者，王教之化也。无其质，则王教不能化。无其王教，则质朴不能善。”(同上)性就像谷子，善就像米，谷子中包含米，但谷子不是米，需要经过加工才会成为米。王者的教化，就是对人性的加工。王者是奉天命来教化人民的。如果人民已经是善的了，那么就没有教化的必要。董仲舒认为这种论调是“失天意而去王任”的。王者不重视教化，就是“弃重任而违天命”(《春秋繁露·深察名号》)。因此，他认为孟子性善论是“世长者之所误出也”(同上)。孟子性善论使教育失去依据，而荀子性恶论肯定了教育的必要性。董仲舒认为性恶论有较多的合理性，所以他“作书美孙卿”(刘向《孙卿书录》)。董仲舒讲人性有善质而未能善，“性待教而为善”，就是从人性论方面阐述教育的必要性和重要性。

董仲舒讲人性，就是为教育提供理论根据，同时也是对于教育目的的阐述。教育的目的在于教化人民，使他们向善避恶，成为好人。教育发展了，大家都学好了，社会风气也变好了，这就是移风易俗。移风易俗，不能靠行政命令，也不能只靠少数人的表率作用，要靠发展教育事业，让一大批教育工作者认真努力地去做细致的教育工作，才能取得明显的社会效果。

荀子认为人天生有义和利两个方面的追求，圣人也不能去掉人民的好利之心，暴君也不能去掉人民的好义之心。董仲舒接受了荀子的思想，并有所发展。他提出，义与利是人天生的需要，“天之生人也，使人生义与利。利以养其体，义以养其心。心不得义不能乐，体不得利不能安。义者，心之养也，利者，体之养也。体莫贵于心，故养莫重于义。义之养生人大于利”(《春秋繁露·身之养重于义》)。义可以养心，利可以养身。义可以满足人的精神需要，利可以满足人的生理需要。各有用处。由于精神需要比生理需要更重要，因此，义也比利更重要。这是怎么知道的呢？现在有的人“大有义”(做很多符合义的事)而“甚无利”(很贫穷)，虽然很贫穷，别人还赞扬他们符合义的行为，他们自己也很乐观，对生活有很高的兴致。孔子的弟子原宪、曾参、闵损都是这样的人(贫穷而很乐观)。另外一些人“甚有利而大无义”，虽然享受富贵，却经常挨骂，受人指责，做的坏事多，罪恶深重，祸患也大，不是死于犯罪，就是伤于忧愁，不能够快乐地生活，以尽天年。那些被判死刑的罪犯和夭折的人就是这类人。从这些事实来看，董仲舒下结论说：“义之养生人，实大于利而厚于财也。”(《春秋繁露·身之养重于义》)他认为很多人不知道这个道理，常常相反，“忘义而殉利”，结果落得家破人亡。他认为人民知小不知大，知近不知远，“趋利而不趋义”，由于愚昧，才会有这种不好的结局。教化就是要人民知义明理，就可以避祸免灾，过上安居乐业的生活。思想家“圣人”与统治者“皇帝”都应该“显德以示民”，做人民的表率，来教育感化人民，形成新的风尚，这样天下就太平了。虽然有少数人斤斤计较于小利，整日言不及义，也不影响多数人对义的向往。如果统治者都提倡私利，都为自己牟私利，也都不顾公义，那么，就会在群众中产生极大的影响。如果社会风气败坏，那就像洪水猛兽一般，形成可怕的潮流，具有巨大的破坏性。古代称这种情况为世风日下，人欲横流，是乱世。对于这种统治者，董仲舒常常“以礼谊(义)匡正”，正面提出：“夫仁人者，正其道，不谋其利；修其理，不急其功；致无为而习俗大化，可谓仁圣矣。”这段话在《春秋繁露》中是这个样子，后经班固修改润色后，写入《汉书》成为“正其谊(义)不谋其利，明其道不计其功”。这句话对后代特别是宋代以后有很大影响。南宋理学集大成者朱熹多次给弟子们提到这句话，并将它写入《学规》，用来教育学生，并称董仲舒为“醇儒”。

4. 儒术是教化的原则

从墨子、孟子、荀子以来，都比较重视义。董仲舒强调义，显然是有继承性的，是社会思想发展的必然结果。义的外延在这时也有扩大，把所有合理的行为都可以归入义的范围。在人际关系中，合理的行为都是义。义，就是所有应该做的；不义，就是不应该做的。什么是应该做的，什么是不应该做的，这个教育内容就非常广泛了。这里可以把儒家的所有理论与原则都包括进去。

董仲舒在《举贤良对策》的第三策的最后提出统一思想于孔子儒术的建议。他说：“《春秋》大一统者，天地之常经，古今之通谊也。今师异道，人异论，百家殊方，指意不同，是以上亡以持一统；法制数变，下不知所守。臣愚以为诸不在六艺之科、孔子之术者，皆绝其道，勿使并进。邪辟之说灭息，然后统纪可一而法度可明，民知所从矣。”

先秦时代，诸子百家，互相争鸣。秦统一中国以后，采用法家统一天下的思想，其他思想都受到排斥。秦亡以后，各家思想又活跃起来。汉初统治者实行黄老无为而治的政策，也给百家复兴提供了良好条件。所以当时思想界出现了“师异道，人异论，百家殊方，指意不同”的相对自由的局面。这种局面使统治者不知应该坚持什么，政策缺乏连续性，平民百姓也不知道该听谁的，法制经常变化，百姓思想混乱。在这种情况下，董仲舒认为应该统一思想，提出以“六艺之科、孔子之术”来统一天下思想，把其他思想都加以禁止，“勿使并进”。

董仲舒的这个建议，表面上看，在教育上的影响，就是以儒家学者任教师，以儒家典籍为教材，进行儒学教育。后来，这个建议被统治者采纳、贯彻，产生了在教育界乃至整个社会影响久远的经学时代，形成了中华民族所特有的经学传统，产生了特殊的思维方式。独尊儒术的建议，使儒学成为中华民族传统文化的主干和基础。

汉代新儒家重视伦理道德。所谓伦理道德，主要是处理个人与他人的关系问题。在人我关系中，有两条必须注意的原则：一是仁义原则；一是仁智原则。

仁义原则，是孔子早已提出的原则，经过几百年的争鸣、发展，形成比较稳定的定义：“仁者爱人”，“义者宜也”。董仲舒根据汉代的现实，又作了新的解释：“仁之法，在爱人，不在爱我；义之法，在正我，不在正人。”(《春秋繁露·仁义法》)仁者所爱的人不是自己或者自己亲近的人，必须是别的人。所爱的人与自己关系越疏远，就越伟大。义所要正的是自己的思想行为，使自己不宜的思想行为，正到义的方向上。这就是“躬自厚而薄责于外”，与先秦儒家的“严于律己，宽以待人”的思想相一致，符合儒家的基本原则。

董仲舒认为，圣人讲的是仁义，做的也是仁义。许多人虽然也讲仁义，做的却不是仁义。有的虽然也说仁义，却不知道仁义的真正含义。例如，营荡讲的仁义，他的仁者爱人，爱的只是自己的儿子，而且爱的方法是溺爱，是让儿子“不食其力”(《春秋繁露·五行相胜》)，不劳而获，养尊处优。他讲的义是尊老，仅仅是跪拜自己年长的妻子。他对于仁义是曲解或者误解。有的人也讲仁义，“以仁自裕”，为了自己的花天酒地的享受，爱的只是自己。“以义设人”，打着义的旗号整别人。像这样倒行逆施，“鲜不乱”，很少有不会混乱的。西汉成帝时的杜钦讲“非仁无以广施，非义无以正身。克己就义，恕以及人”(《汉书·杜周传》)，正确表达了董仲舒思想，也可见董仲舒的思想对后代的深刻影响。直到清朝乾隆年间，卢文昭还用董仲舒《仁义法》中的“以仁安人，以义正我”，作为科举考试的题目。说明董仲舒对仁义的解释得到学术界、思想界的普遍认可，产生了深远的影响。董仲舒的这一思想原则成为中国古代知识分子伦理道德和心性修养的重要原则，也是思想教育的主要内容。

关于仁、智问题，孔子分别讲过这两种道德。董仲舒对此有了新体会。他认为，仁(德育)与智(智育)必须同时具备，缺一不可。仁者爱人。智者是什么？董仲舒认为是非常复杂的。他说：“何谓之智？先言而后当。”“智者见祸福远，其知利害早。物动而知其化，事兴而知其归，见始而知其终。言之无敢哗，立之而不可废，取之而不可舍。前后不相悖，终始有类，思之而有复，及之而不可厌。其言寡而足，约而喻，简而达，省而具，少而不可益，多而不可损。其动中伦，其言当务，如是者，谓之智。”(《春秋繁露·必仁且智》)先言而后当，说的是预见性，先知先觉。所谓“见祸福远”，“知利害早”，“见始而知其终”，也都是讲的先见性。“物动而知其化”，是说见微知著。“事兴而知其归”，是说事情刚发生就知道它的结局。从“言之无敢哗”，到“其动中伦，其言当务”，都是说的当，即适当、恰当的意思。总之，智就表现为两个方面：先见与后当。也就是预见性与正确性。

董仲舒强调“必仁且智”，他说：“莫近于仁，莫急于智。”为什么？他说：“仁而不智，则爱而不别也；智而不仁，则知而不为也。”(同上)教育就要培养德才兼备的贤人。

5. 儒术的主要内容

董仲舒在《举贤良对策》中提出以“六艺之科、孔子之术”来统一天下的思想。六艺即六经：《诗经》、《尚书》、《礼》、《乐》、《周易》、《春秋》。为什么以六艺为教材呢？董仲舒在《春秋繁露·玉杯》中说："君子知在位者之不能以恶服人也，是故简六艺以赡养之。《诗》《书》序其志，《礼》《乐》纯其美，《易》《春秋》明其知。六学皆大而各有所长。《诗》道志，故长于质；《礼》制节，故长于文；《乐》咏德，故长于风；《书》著功，故长于事；《易》本天地，故长于数；《春秋》正是非，故长于治人。"以六艺来赡养人，六艺就是精神食粮。六艺都是重要的，又有各自的长处。董仲舒就是用这些教材对学生进行德智美诸方面的教育。《诗》、《书》培养人的远大志向，是道德方面的教育。《礼》、《乐》是培养审美情趣的。《易》与《春秋》是培养人的聪明才智。《汉书·儒林传》开篇就讲："古之儒者，博学乎六艺之文。六学者，王教之典籍，先圣所以明天道，正人伦，致至治之成法也。"就是说，六艺是最基本的教材，而且也是伦理、政治的教科书。

这些教材中包含着伦理、政治等方面的内容。董仲舒从中概括出"三纲"、"五常"。"三纲"指"君为臣纲，父为子纲，夫为妻纲"。董仲舒称此为"王道之三纲"，从天那里可以找到它的依据。"君为臣纲"，对臣来说，忠就是高尚道德。"父为子纲"，强调孝道。"夫为妻纲"，重视妇女的节。再加上朋友的义。这就是后来封建社会极力提倡的忠孝节义。

关于"五常"，前人有过论述。孟子讲四善端，没有信，讲五常之道，有圣而无信。董仲舒概括时，加上了信。从当时的社会风气来看，由于秦任法术，风气大坏，以致"法出而奸生，令下而诈起"，正所谓“上有政策，下有对策”。提倡信是为了纠正诈伪的风气。提倡信，对于稳定社会正常秩序，巩固封建专制制度是极为重要的。在资本主义社会，也很重视信，商业极端重视信用。曾任日本首相的大平正芳题字：“信为万事之本。”信是各种社会、各个阶级都提倡的共同道德。张岱年先生认为：“可以说，封建时代的基本道德原则是董仲舒确定的。”这个基本道德原则就是“三纲五常”。“三纲”适合封建专制的需要，随着封建社会的消失而失去合理性，被人们所抛弃。“五常”是处理人事的基本原则，由于社会的变迁而有所改革，如封建时代的跪拜之礼被取消，代之以挥手、招手、握手之类。但其中包含的精神却有普遍的意义，广泛的适应性，是可以批判继承的。

6. 学习的态度与方法

在学习上，董仲舒不主张只通一经。他认为只通一经，局限性太大，有些思想难以明白。而且各经有自己的特点，只通一经，就不了解其他四经的特点，进而也不能深入了解这一经的特点。所谓“通一经”也就要打上引号了。那是不是越博越好呢？也不是。书太多，学习不过来，负担太重，会产生厌烦情绪。而且，贪多嚼不烂，多则惑，没有思考的时间，死记硬背，不能理解。董仲舒主张以六艺为基本教材，所谓“简六艺以赡养之”，再辅以其他参考书，如《公羊传》等。他说：“大节则知暗，大博则业厌，二者异失同贬，其伤必至，不可不察也。”(《春秋繁露·玉杯》)太博和太节，是两个极端，也是两种不同的错误倾向。循此错误倾向，必定会给学习带来伤害。正确的做法是介于两者之间，博节适度。究竟多少为适度？汉代以六艺为适度，宋明时代以“四书”“五经”为适度。可见这是随时代而变化的。如何研究，关系极大。汉时一些注经者注一经至百万言，少时入学，皓首才能穷一经。对于一般的学者来说，六经就太多了。所谓博节适度，只是一个原则，何谓适度，都要视具体情况而定。不过，有一点则是需要肯定的，那就是要给学生留出足够的思考时间，因为“学而不思则罔”。

如何思考？董仲舒提出一个连贯法：“得一端而多连之，见一空而博贯之。”(《春秋繁露·精华》)他举例说：鲁僖公在乱世即位，亲任季子。“季子无恙之时，内无臣下之乱，外无诸侯之患，行之二十年，国家安宁。”季子“治内难以正，御外难以正”(《公羊传》鲁僖公元年)，是个贤人。鲁僖公十六年三月，季子卒。以后鲁国乱难不已。到二十六年，派公子遂“如楚乞师”(《公羊传》鲁僖公二十六年)。鲁僖公没有变化而鲁国衰危，原因就是没有季子这样的贤人。鲁国是这样的，别的诸侯国也是这样，天下应该也都是这样，“此之谓连而贯之”(《春秋繁露·精华》)。他从这个连贯中得出结论：天下虽大，古今虽久，有一条共同的规律：“以所任贤，谓之主尊国安；所任非其人，谓之主卑国危。万世必然，无所疑也。”(《春秋繁露·精华》)从此又推出，鲁庄公知季子贤而不能任用，导致国危；宋殇公知孔父贤而不能任用，自身遭弑。知贤不任，国危身弑。董仲舒对此深感痛惜，“此吾所悁悁而悲者也”(同上)。此外，董仲舒还联系《春秋》中的逄丑父代齐顷公赴难，齐桓公执陈国大夫辕涛涂，鲁季子追庆父，吴王阖庐请吴季子任国君四件事，阐述“贵志”的道理。董仲舒提出“志邪者不待成”，“本直者其论轻”两项原则。董仲舒联系逄丑父和祭仲的事阐述经与权的关系，以及行权的原则。他以春秋时代的史事进行联系分析，连而贯之，阐述一些理论问题，既有实际事实，又含辩证因素，颇具合理性，因此，司马迁说：“故汉兴至于五世之间，唯董仲舒名为明于《春秋》，其传公羊氏也。”(《史记·儒林列传》)

学习《春秋》，董仲舒极端强调深入思考。圣人的思想是非常深刻的，不认真思考，就不能领会。所谓微言大义，就是在简单的言辞后面包含深刻复杂的意义。“辞不能及，皆在于指，非精心达思者，其孰能知之！”(《春秋繁露·竹林》)大史学家司马迁也有同感，他说：“非好学深思，心知其意，故难为浅见寡闻道之。”(《史记·五帝本纪》)“浅见”，是思想肤浅。“寡闻”，指所知古今之事甚少。好学深思与浅见寡闻是相对的。从此可见，董仲舒与司马迁都提倡深思好学。如果不好学，那就无法“多连”、“博贯”思考。有的人认为自己素质差，天赋不足，想不到那些复杂的问题。董仲舒引孔子的话说："未之思也，夫何远之有？"(《春秋繁露・竹林》)在他看来，只是没有深入思考，哪有什么达不到的难度。

7. 教　师

董仲舒在对策中建议发展教育事业，把"置明师"作为重要条件。没有"明师"，是很难发展教育的。

什么样的人才是够格的"明师"呢？董仲舒写道："善为师者，既美其道，有(又)慎其行，齐时早晚，任多少，适疾徐，造而勿趋，稽而勿苦，省其所为而成其所湛，故力不劳而身大成。此之谓圣化。吾取之。"(《春秋繁露・玉杯》)明师的首要条件是美道、慎行。美道针对教学内容，即对六艺的深刻理解，正确阐述。慎行，针对个人行为，要求一言一行一举一动都能符合"三纲五常"的原则。后面几句是说教学要根据学生的实际情况，适时、适量、适度地进行。用力少，功效大，所谓事半而功倍。这是教书育人的最高水平，所谓"圣化"。董仲舒认为应该采取这种教育方法。

董仲舒强调少而精的原则，他认为最重要的是仁义，要反复解说。如果不抓住这一根本，东拉西扯，"说不急之言而以惑后进者，君子之所甚恶也”。君子最讨厌用不急需的、不重要的话来疑惑后学。董仲舒由此告诫道：“于乎！为人师者，可无慎邪！”(《春秋繁露·重政》)教师应该努力研究，将最重要的道理、最好的研究成果、最新的学术信息，奉献给学生。这才对得起求知心切的学生，才不会误人子弟，才是合格的灵魂工程师。

以上介绍的是董仲舒的教化思想体系，基本上表达了历代儒家的教化理念，体现了儒学中的教化法则。中国历史上有许多名师，特别是儒家大师，有深刻的教化理论与丰富的教学经验，值得现代教育工作者借鉴参考。

第十二课　儒学与人的和谐发展

在20世纪的一百年中，儒学受到彻底的批判，可以说是将孩子与污水一起倒掉。现在我们发现需要将孩子捡回来，将儒学智慧对和谐社会有特殊贡献的内容，稍加整理。

1. 经济上的调均思想

从历史上看，贫富两极分化，社会就不稳定。孔子说："不患寡而患不均。"董仲舒认为"不均"，"有所积重，则有所空虚"(《春秋繁露·度制》)。一些人财富积累多了，另一些人就贫困了。富人骄暴，穷人偷盗，社会就不安定。圣人了解一般人的性情，知道乱是怎么产生的，就作出规定，使人有贵贱富贫的上下差别，"使富者足以示贵而不至于骄，贫者足以养生而不至于忧，以此为度而调均之，是以财不匮而上下相安，故易治也"(同上)。使富人足以显示自己尊贵而又不至于骄暴，使穷人足够生活而又不至于忧愁，根据这种原则来进行调均，这样就可以使财富不匮乏而上下可以相安，社会和谐、安定，就容易治理。

贫富不均的问题，要通过调均来解决。如何调均？那是当政者的责任。从历史上来看，执政者如果无法调均，就要亡国。这种亡国有两种情况：一是强臣膨胀到一定程度，就要篡权，或者强迫实行“禅让”。王莽夺取汉朝政权，是由于西汉皇帝已经失去控制能力，无法解决贫富两极分化的问题。王莽的势力日益强盛，一步一步夺取政权。曹操挟天子以令诸侯，过度膨胀，东汉皇帝失去控制能力，最后由曹丕正式实现权力转移。后来曹氏无力，司马氏同样实现和平过渡。二是百姓被迫无法生活下去，只好落草为寇，响应造反，腐败的朝廷就被农民起义所推翻。秦末农民起义，隋末农民起义以及明末农民起义，都是这种情况。总之，封建朝廷抑制不住强臣，救助不了弱民，亡国是不可避免的。

执政者要是真正想调均，又有能力实行调均，解决问题就不是太困难的事情。所谓执政能力，实际上就表现在抑制强臣富豪和救助弱者贫民这两个方面。两方面实际上只有一个问题：贫富两极分化，解决的办法就是调均。以损有余而补不足，建立和谐社会。

2. 政治上的仁义原则

儒家讲仁政，以民为本，将仁爱精神贯彻在行政中，主要体现在公平上。公平首先表现在机会均等上，中国科举考试实行了一千多年，就是因为它体现了一种公平的原则。公平原则也体现在义上。义就是合理分配。利是各种利益。义利关系的讨论，在历代儒家中没有间断过。无功不受禄，现在叫按劳取酬，是现代社会的公平原则。不平则鸣，不公平就会有意见，有意见就要通过各种方式来表达，开始可能只是说说而已，普遍存在不公平，又长期不能解决，那就会引起大的动乱。春秋“臣弑君，子弑父，非一旦一夕之故也，其渐久矣”(《史记·太史公自序》)。杀身成仁，舍生取义，生命是利的最高体现。为了义，可以舍去生命，舍弃一切利。说明义大于利，义重于利。国家重于个人，集体重于个人，也是义的重要一项。爱国主义，为国捐躯，都是义的表现。坚持大义，坚持合理性，是儒家构建并维护和谐社会的重要原则，也是儒家对和谐社会的贡献。历代皇朝都是由于解决不了公平的问题而被推翻的。因此，陆贾说：“万世不乱，仁义之所治也。”(《新语·道基》)

3. 精神上的和谐观念

和谐观念主要有三个：一是自强不息；二是修养心性；三是辩证思维。

(1)自强不息。

《周易》上有“天行健，君子以自强不息”。现在讲竞争，儒家的原则是与自己争，就是自强不息。

《韩诗外传》卷三第二十章载：“能制天下，必能养其民也。能养民者，为自养也。饮食适乎藏，滋味适乎气，劳佚适乎筋骨，寒暖适乎肌肤，然后气藏平，心术治，思虑得，喜怒时，起居而游乐，事时而用足。夫是之谓能自养者也。故圣人不淫佚侈靡者，非鄙夫色而爱财用也。养有适，过则不乐，故不为也。是以夏不数浴，非爱水也。冬不频炀，非爱火也。不高台榭，非无土木也。不大钟鼎，非无金锡也。不沈于酒，不贪于色，非辟丑也。直行情性之所安，而制度可以为天下法矣。故用不靡财，足以养其身，而天下称其仁也。养不害性，足以成教，而天下称其义也。适情辟余，不求非其有，而天下称其廉也。行成不可掩，息刑不可犯，执一道而轻万物，天下称其勇也。四行在乎民，居则婉愉，怒则胜敌，故审其所以养而治道具矣。治道具而远近畜也。”这里讲的“自养”，类似于孟子所说的“养吾浩然之气”，也是自强不息。要克服自己的“淫佚侈靡”的欲望，真正养好自己。

(2)修养心性。

心理不健康，主要问题在于心理不平衡。如何实现心理平衡？我们只要研究心理不平衡有哪些情况，都是如何引起的，只要消除那些因素，就可以达到平衡。所以，平衡要从不平衡中求得。不平衡因素有哪些呢？

首先是情绪过激。情绪对健康的影响：喜伤心，怒伤肝，思伤脾，忧伤肺，恐伤肾。有喜不要太高兴，乐极会生悲；遭难不要太悲观，绝处逢生，“大难不死，必有后福”。遇事尽量保持冷静，不要过于激动。古人有“西门豹急，佩韦以自缓；董安于缓，带弦以自促”(《论衡·率性》)。西门豹是急性子，佩戴苇草，不断提醒自己不要性急。董安于是个慢性的人，带着弦，促进自己凡事要快一点。有的人写一个大“忍”字挂在家中，提醒自己要忍耐，不要发脾气。控制感情是非常难的事，要有很高的修养才能逐渐做到。发生任何不满意的事，首先要反躬自问，就是想问题出在自己身上，要会做自我批评。好比射箭，射不准，不能埋怨别人将靶放歪了，而是要从自身寻找原因，调整好自己的姿势，继续练习。遇到问题，首先要冷静下来，才能做到心理平衡。

其次是害怕艰苦。孟子讲：“故天将降大任于斯人也，必先苦其心志，劳其筋骨，饿其体肤，空乏其身，行拂乱其所为，所以动心忍性，增益其所不能。”所以说“生于忧患，死于安乐”(《孟子·告子下》)。这些都是说艰难困苦是培养人成功的重要条件。所谓“自在不成人，成人不自在”。

张载说：“贫贱忧戚，庸玉女于成也。”(《西铭》，见《张载集·正蒙·乾称篇》)逆境是用来帮助你成功的。没有逆境，没有磨难，没有忧患，哪有成功？大师也都是在艰难困苦中锻炼出来的，而不是用哪一种非常合理的模式培养出来的。如果真有一种模式可以培养大师，那么大师也就可以批量生产了。从古今中外的大师中，我们看不到一种能够培养大师的模式。

没有在苦难中锻炼的人，没有吃苦的意识，心理很难平衡。任何时代都有自己的苦，红军长征时没有粮食了吃过皮带，20 世纪 50～70 年代，中国人吃饭还很成问题，许多人吃不饱，吃不好，也是一种苦。现在青年人面对竞争，精神压力很大，考试、奖学金、就业、出成果、评职称、报项目、争经费、出国进修等，都处在不停的竞争之中。而生活方面的压力也很大，赡养老人，结婚生子，孩子上学，买房子……有一系列头痛的事。只有在困难中不屈服，坚持下去，才有走出困境的希望。开始时迷茫，这是正常现象，哪一个人也不可能从小就明确自己一生的奋斗目标，奋斗目标也是在实践中逐渐形成的。一个中学生要报考大学，自己不知道如何选择专业，家长与老师也不懂，如何能够一选就准呢？入学后，发现自己不适合这个专业，这种情况经常发生。有的学生改变自己，适应新情况，经过努力，逐渐适应。有的可能通过考研究生，来改变本科专业，再后来还可以考博士生来提高自己与专业的适应度。一般地说，博士毕业决定了自己今后的生活方向，但也不尽然，由于各种原因，有的博士生下海经商，有的入仕为官，还可能改变自己的生活方向。即使没有那些变故，从事专业工作，有的教学，有的研究，有的从事编辑工作，都不算脱离本专业，而职业却有很大不同，也需要适应。我的体会是：吃苦是宝，吃亏是福。

最后是浮躁心态。“一分耕耘，一分收获”，这是浅显易懂的道理。但是，一些人羡慕名人名家受到社会的普遍尊重，却不想下决心长期艰苦奋斗。看到有人当了官，也想去当官。看到别人经商赚了大钱，自己也想下海。看到别人当了博士，或者评上教授，又想搞学问。什么好处都想要，又不想下大功夫，急功近利，做什么都不专心，最后只能什么也得不到，浪费青春，虚度年华。社会上有一些人通过不正当的手段获取不义之财或者其他利益，如名誉、地位、职称等，有的人就很羡慕他们的不劳而获，就像羡慕小偷津津有味地在那里吃偷来的烧鸡，没有看到小偷被抓挨打的情况。不诚实的人最后会吃大亏。前人有很多教训，应该记取。

要解决以上问题，就要靠修身。要修身，就要提高个人的精神境界，提高自身的素质，这是最重要的。儒家有许多关于修身的理论与方法。《大学》载：“自天子以至于庶人，一皆以修身为本。”儒家强调修身，上自天子，下至庶人，都要以修身为根本。修身做好了，“其身正，不令而行”，这样才能齐家、治国、平天下。以身作则，是中国管理思想的特色与精华。当政者如果自身没修养好，就不能实施仁政，就可能以权谋私，贪赃枉法，为害一方。个人如果修身问题没有解决，那么，对上可能犯上作乱，对下可能胡作非为，危害社会。最后，“多行不义，必自毙”(《左传》隐公元年)。仁者寿，有仁爱之心的人容易长寿。“义之养生人，大于利而厚于财也。”(《春秋繁露》)义，对于养身比财利都更重要。实际上是说，人的精神需要超过物质需要。

儒家的思路是修身，齐家，治国，平天下。修身是为了治国、平天下，内圣要转化为外王。和谐社会不是少数人的事，是社会全体成员共同关心的大事。社会不安定，谁也不安宁。因此，洁身自好，离和谐社会还有很大距离。朱熹强调读书要先读《大学》。提倡用数月功夫看《大学》,《大学》是修身治人的基础。《大学》断言：“自天子以至于庶人，一是皆以修身为本。其本乱而末治者否矣。”“大学之道，在明明德，在亲民，在止于至善。”朱熹称此为“三纲领”。他根据程子说法，提出对“亲”的理解：“亲，当作新。”接着他发挥己见：“新者，革其旧之谓也。言既自明其明德，又当推以及人，使之亦有以去其旧染之污也。”朱熹把格物、致知、诚意、正心、修身、齐家、治国、平天下作为儒家的“八条目”，“正心以上，皆所以修身也”，“修身以上，明明德事也。齐家以下，新民之事也”(朱熹《大学章句》)。儒家讲推己及人，如孟子讲：“老吾老以及人之老，幼吾幼以及人之幼。”讲的是对待别人的态度。朱熹讲的却是个人，独善其身是不够的，自己修养好了，也要帮助别人加强修养。这很像佛教所讲的自己觉悟了，也要去帮助别人觉悟，超度别人脱离苦海。儒、佛都强调自己首先做好了，然后才能教育感化别人，解救别人。朱熹告诫弟子，首先是自己在读书与思考中理会天理，灭去人欲，然后才能教化别人，共同达到“至善”。所谓“至善”，就是“无一毫人欲之私”，事理达到“当然之极”、“天理之极”，就是达到最合理的程度。这时候，社会就完全和谐了。这是朱熹的理想社会，相当于孔子的大同理想，都是最高理想。

要实现最高理想，就需要“新民”。新民就是革旧，就是去掉“旧染之污”，清除过去染上的脏东西。在人民中实行去污的工作，也就是移风易俗。《礼记·学记》载：“君子如欲化民成俗，其必由学乎。”“古之王者，建国君民，教学为先。”《学记》是古代最重要的教育专著之一。教学就相当于现代的教育。要移风易俗，最好的办法就是发展教育。教育是施仁政的基础。儒家讲富而后教，没有教育，就无法施仁政。因此，统治者非常重视教育，“教学为先”。朱熹所讲的“新民”，就是发展教育，改变民众过去遗留的坏习俗，创建新风尚。这是个漫长的过程，不是一阵子就能完成的。

当统治者腐败到不可救药的时候，再也统治不下去时，被统治者无法忍耐，革命就发生了。统治者与被统治者的矛盾没有激化的时候，社会上也有矛盾，上下关系也有某种不和谐，这主要是因为当官者未能去掉私心，行政不公平，还有一些制度不完善的原因，需要长期磨合，不断调整，逐渐达到和谐状态。一般情况下，只需要微调，保持稳定局面，更有利于发展。如果全面腐败，又无法调整，那就需要彻底推翻，这就是革命。革命时代强调差异、矛盾、对立、斗争，那是革命的需要。到了建设时期，就要强调统一的方面，重视求同思维，要在求同存异的基础上实现统一大业，国际环境也需要反对霸权主义，以“和而不同”的精神，协调国际关系，创建和平的大环境。在不同的时代，要研究形势，对于具体情况，要作出深刻的分析。这才能从实际出发，作出决策。

(3)辩证思维。

造成心理失衡的原因很多，主要是缺乏生活经验，许多想法脱离实际。这与环境也有关系，一个姑娘从上小学到中学毕业学习成绩在学校都是前三名，有的则是绝对优秀，都是第一名，在高考中又是全县状元，在家长、乡亲、老师和同学心目中，都是典型的好孩子，从来没有受到过批评。考上名牌大学，又一次受到大家的热烈鼓励，甚至在电视台接受记者采访，获得企业家的资助。那种踌躇满志，可想而知。意想不到的是，到了大学，县级状元算什么呀！省级状元还有一大批。在班里的四十名学生中排在三十几名。别人写的文章发表了，自己做的作业，老师还提了不少意见，不给高分。这种落差，应该如何对待？

这里就有思想方法的问题。差别是存在的，通过努力可以快一点进步，但不一定就会超过别人，因为别人也在努力。可有的学生想不开，睡不着，学习成绩下降，问题日益严重，最后导致自杀。如果换一种思路：我虽然名列后几名，可我还是名牌大学的学生，只要扎实学习，终究能闯出一条自己的路子，走向光辉的未来。首先要相信自己只要努力，不辜负青春年华，就问心无愧。既不懈怠，也不浮躁，踏踏实实地走向自己的目标，实现理想。拥有现在，就是最大的幸福。珍惜已有，就充满快乐。有机会为人民贡献自己的才华，就是最大的幸运。这样想，思想就平衡了。至于自己排在第几名，不要看得太重，人生就像下棋，不到结局，胜负就未定。即使到了结局，也还有任后人评说的问题。

历史上许多不幸者，却是最大的幸运者。董仲舒不得志，写了《士不遇赋》，后来著书立说，名流千古。王充“仕数不耦”，当官不成，回家教学著述，有名著《论衡》存世。柳宗元改革失败，被一贬再贬，最后到柳州当刺史。他不得志，结果著述很多，成为唐宋八大家之一，也成为唐代主要的哲学家。柳州至今有柳侯祠，柳侯公园，后代人一直纪念他。他如果变法成功，也许会当上大官，却未必能长久地受到后人景仰。据此，我们可以说，一个人只要努力，对社会会有自己的实际贡献。争一时的名利，特别是虚名，意义不大，还浪费很多时间和精力。学习唯物主义辩证法，并且深入体会，会解决心理平衡的问题。

4. 和谐社会应该无差别吗

一切事物都是有差别的，差异是绝对的。人跟人之间，当然也不例外。世界上没有两片绝对相同的树叶，当然也没有两个绝对相同的人。有差别怎么能和谐呢？实际上，有差别才有和谐。孔子讲“和而不同”，不同，就是承认差别。不同的成分和谐相处，才是和而不同。

和谐社会的建设，可以从几个大的方面来探讨。这里从政治、经济、精神三方面来谈。儒家非常重视政治上的和谐。孔子说：“君使臣以礼，臣事君以忠。”(《论语·八佾》)君对臣要有礼貌、要尊重；臣对君要尽心尽力，要忠诚。这种关系是对应的，是相互的，是双向的。这就是君臣之义。如果国王不尊重官员，那么，就会破坏君臣之间的和谐。如孟子所说：“君之视臣如犬马，则臣之视君如国人；君之视臣如土芥，则臣之视君如寇仇。”(《孟子·离娄下》)儒家认为父子之间的关系应该是父慈子孝。现在社会也有父子关系、师生关系、上下级的关系。如何才能和谐？就应该从对应的角度，正确处理二者之间的关系。儒家认为无论什么人际关系，都要以道义为重，才能和谐。如果放弃道义，那么所有的和谐，就变成结党营私，同流合污，最后失去这个小团体与整个社会的和谐，终究还是不和谐。孝亲与忠君，都是封建时代特别强调的道德，但是，儒家仍然将道义摆在忠孝之上，正如荀子所说：“从义不从父，从道不从君，人之大节也。”(《荀子·子道》)任何社会，人与人都不可能无差别，只能在承认差别的情况下，尊重对方，尽职尽责，当好自己的社会角色。任何专制独裁，以权谋私，欺压百姓，都是不和谐的重要因素。

儒家主张“博施于民而能济众”，就是说一切要以“民”“众”为出发点，为广大民众谋利益。这就是大义，也就是大德。孟子说："民为贵，社稷次之，君为轻。"按这种轻重顺序，背君而利国利民，是可以的；顺君而害民，则是轻重颠倒，失去"大德"。

大德与小惠有什么区别呢？《孟子·离娄下》载："子产听郑国之政，以其乘舆济人于溱、洧。"孟子说这是"惠而不知为政"。如果预先发动并组织群众修筑桥梁，解决群众的过河问题，人民就不会为过河而发愁了。如果这件事情没有做好，全国有许多河流，国相能有那么多马车来帮助百姓过河吗？可见国相的马车所能解决的问题就非常有限。国相做不好政务，将会使百姓遭到更大的损失。但是，有些现代官员并非工作需要，也不是出于安全的考虑，而是为了讲排场、耍威风，前呼后拥，严重扰民，那是应该反对的。

晋文公出去打猎，深入大泽，迷路了。有一渔者，带他走出大泽。晋文公对随从说："记下渔者的姓名，要厚赐渔者。"渔者曰："记我的名有什么用？你做好政治，我就可以享受太平；你如果做不好政治，一国流亡，渔者虽有厚赐，不得保也。"遂辞不受。做好政治是大德；厚赐渔者是小惠。这个渔者很有政治眼光，深明大义。用大德治国，是历代政治思想家的一种共识。

儒家在经济上的和谐原则主要有两条：一是调均；二是重义。首先承认差别，否认平均主义。其次孔子说："不患贫而患不均。"这个"均"不是平均主义，是合理均衡的意思。认为贫富两极分化不利于社会安定。这就要"调均"，损有余而益不足。董仲舒说："大富则骄，大贫则忧，忧则为盗，骄则为暴，此众人之情也。……则富者愈贪利而不肯为义，贫者日犯禁而不可得止，是世之所以难治也。”(《春秋繁露·度制》)贫富两极分化，社会就不安定，就不好治理。我们现在的世界也像董仲舒所讲的那样，弄得很乱，不好治理。一边富者搞霸权主义，一边贫者被迫搞恐怖主义，天下就不太平了，人民生活也就不安全了。董仲舒讲的“调均”是构建和谐的原则。过去许多人以为平均才是最合理的，结果，干活多少好坏都一样，使许多人都变成了懒汉。孟子说：“夫物之不齐，物之情也。”(《孟子·滕文公上》)不齐是事物的普遍现象。物的价值可以相差几倍、几十倍，乃至千万倍。人也不例外，价值也有若干倍之差。勉强把差别拉平，必然要乱天下，因为违背了客观规律。

儒家强调义利之辨，主张重义轻利。利就是物质财富，引申为一切利益(包括名誉、地位等)。义是合理分配。孔子说：“见利思义”，“义然后取”。见到利益，首先要想是否合理，如果合理，就可以取。孟子说：“非其有而取之，非义也。”(《孟子·尽心上》)不是你的，你拿走，就是不义。贪污受贿得来的钱财，就是不义之财。孔子认为义非常重要，是政治的重要内容。

董仲舒反对当官的搞副业赚钱，反对与民争利。他提倡以公仪休做榜样。公仪休任鲁国相，他办完公事回到家，吃饭的时候，就问葵菜价钱，家里人说不要钱，是自己家种的。他听后很生气，说：“我们拿了俸禄，还要自己种菜，这不是夺了菜农的利益吗?”说完就到菜园里，把葵菜都拔掉。他有一次回家，看见夫人正在织布，他认为她夺了女工的利益，就把夫人休了。这是有名的“拔葵出妻”的故事。我们现在社会上一些干部夫人，是不是也可以从此得到启迪呢？有些人把好处都往自己口袋里捞，不惜与民争利，有的以权谋私，搞行业垄断，破坏社会公平，是否也要醒悟呢？有人给公仪休送鱼，他不受。了解他的人说："您不是很喜欢吃鱼吗？给您送鱼来，为什么不要呢？"公仪休说："我收了鱼，以后当不成国相，就没有人给我送鱼，我就吃不上鱼了。我不收鱼，一直当着国相，可以用自己俸禄买鱼吃。正因为我爱吃鱼，所以我不收别人送的鱼。"当时有人议论，认为公仪休真正懂得珍爱自己。近年被惩治的贪污受贿，挪用公款的高官，不也是一种不珍惜自己的表现吗？

思维方法与精神境界也是建构和谐社会的重要因素。我们把这称为和谐观念，主要有两方面内容：一是自强不息；二是反躬自问。社会追求公平，只要在总体上相对公平，就是太平盛世。完全公平是不可能达到的。凡事自己要努力争取，用心血和汗水去创造事业与追求幸福，不靠天不靠地，靠自己发愤图强。遇到逆境，也不要怨天尤人。遇到不满意的事，首先要反躬自问，想想自己的问题，先从自身寻找原因。现代社会生产力大大提高了，许多人不重视修养，心理严重失衡，青年自杀的悲剧经常出现。孟子讲："生于忧患，死于安乐。"(《孟子·告子下》)忧患可以锤炼人的坚强意志。一个人过于安乐，承受力就差，稍有不顺就难以应对。

如前文所提，逆境是用来帮助人成功的。没有逆境，没有磨难，没有忧患，很难有什么成功。

总之，无差别的社会是不存在的。无差别也就无所谓和谐。有差别的社会，和谐是政府与人民共同建构出来的。政府要从政治、经济、文化教育诸方面推出促进和谐的机制与政策。差别是和谐的基础，协调差别是实现和谐的基本条件。任何差别的恶性膨胀都会严重破坏和谐。政治上极端专制，贫富两极分化，社会严重不公，就会导致不和谐，引起动乱。政府要做的就是防止差别恶性膨胀，利用各种方式协调关系，缩小差别。每个人也都要从自身做起，为建构和谐社会作贡献。

第十三课　批判儒学以后的反思

20世纪的一百年中，不断地批判孔子儒学。有些人虽然现在不写文章批判儒学了，但过去批判儒学给他们留下的深刻印象至今难以去除。在他们的心目中，儒学仍然是保守的、落后的、过时的、反动的、封建主义的，甚至是没落奴隶主阶级的。他们认为，儒学不利于经济的发展，阻碍了科技的进步，违背社会的文明。中国的落后都是儒学造成的。儒学是万恶之源，甚至有人认为，现代的官员腐败，总根源在儒学上。

这是需要分析研究的问题。在这里要讲三个问题：首先，儒学是否妨碍了经济的发展；其次，儒学是否阻碍了科技的进步；最后，儒学是否违背了社会文明。

1. 儒学妨碍经济发展吗

这要从历史事实与理论研究两方面来分析。儒学创立两千多年了，在汉代独尊儒术以后，出现过汉唐盛世，以至宋、元、明、清几朝，中国的经济一直居于世界领先地位。元代，西方游客马可·

波罗到中国，发现中国比西方繁荣得多。明代中期，西方人到中国来，看到繁荣昌盛的社会，井井有条的秩序，都曾经赞叹不已，特别对于科举考试，文官制度，推崇备至。到了清朝中期，中国的经济占世界经济的比重，也超过当今的美国。当然富裕往往是综合因素的结果，但是，儒学没有妨碍中国经济的发展，应该是历史事实。孔子、孟子都提倡富民，先富后教，说明他们重视经济发展。讲“民以食为天”，又讲“国以民为本”，都是重视人民衣、食、住、行的。儒家在讲义利关系时，主张重义轻利。轻利并非不要利，这是许多人的普遍的误解，也许是少数人的故意曲解。

儒家讲轻利不是不要利，这是有大量的事实可以证明的。《论语·雍也》载：“原思为之宰，与之粟九百，辞。子曰：‘毋！以与尔邻里乡党乎！’”原思就是孔子的学生原宪。他很穷，当了孔子的管家，觉得“九百”(原文没有数量单位，有的说是九百斗，有的说是九百斛，即九百石)薪水太多，不要。孔子批评他，认为不要是不对的，要了，自己用不了，可以救济乡里的穷困人家。朱熹的解释：“言常禄不当辞。”正常的薪水，不应当辞，辞是不义。并不是辞钱财就是对的。孔子的学生子贡是很会预测市场的，他从事商业活动，赚了很多钱。鲁国规定谁能花钱把在外国当奴婢的鲁国人赎回来，就可以到政府那里领取一些钱，作为补偿金。子贡赎了一些人回来，因为他自己钱多，就不去政府那里领取补偿金，受到孔子的批评。孔子说，不能因为你有钱，就不去领取补偿金。做事情，要考虑如何做才合适，才能作为群众的榜样。你这么做，今后鲁国人在外国当奴隶，再没有人去赎了。在这里，不拿钱是不义，拿钱才是义。王充认为子贡“让而止善”。孔子的另一个学生子路救了一个落水的小孩，那小孩的家长用一头牛来表示感激之情，报答救命之恩，子路接受了。孔子说：“鲁国人今后一定很热心于拯救落水的人。”当时，一头牛是价值十分昂贵的酬谢品。王充说子路“受而观(劝)德”(《论衡·定贤》)。接受了谢礼，等于倡导了做好事。

由此可见，儒家重义轻利，并不是不要利，只是强调要拿合理的利，不合理的不应该拿。孔子讲：“见利思义”，“义然后取”(《论语·宪问》)。孟子说：“非其有而取之，非义也。”(《孟子·尽心下》)碰见利益，就要先想到是否合理，确实是合理的然后收取。该取的不取是不义的，不是自己应该得的，获取就是不义的。当然讲义利之辨，儒家主要反对当权者贪污受贿，那是不义之财。简单地说，儒家主张“君子爱财，取之有道”。笼统地不要财，不是儒家的主张。

孟子也非常重视义，他说，如果让他去杀一个无辜的人，就可以给他天下，他也不会去干。他的做人原则是，不符合义的，不要别人的一分钱，也不给别人一分钱。如果自己做出了贡献，自己应该得的报酬，多少都要，问心无愧，可以“安富尊荣”。从这里可以看出，儒家所讲的义不排斥物质利益，只是要求得到合理的物质利益。取得自己应得的报酬，再多也是义，而不是利。朱熹曾经说过，吃饭是天理，是义，而想吃好的，超过了自己的经济条件，那是贪欲，是利，是需要克服的。

对于收取别人的礼物，古今都有各种不同的说法，也都有一些流行的俗语。孔子说“立功受禄”，现在叫作“无功不受禄”，曾参说“受人者畏人，予人者骄人”，现在也有类似的说法，叫作“吃人者嘴短，拿人者手软”。为什么嘴短手软呢？就是“畏”人家嘛！吃人家的，就不敢提意见，就不敢批评。收了别人的礼物，该处理的事情，就下不了决心。

义是合理分配。重义是强调合理分配。分配不合理，财富再多，都被少数人所垄断，多数人受穷，两极分化，社会就不安定。因此孔子说“不患寡而患不均”①。董仲舒说义利都是人所需要的，“义以养心，利以养身”，心比身重要，所以要重义而轻利。孔子的“杀身成仁”，孟子的“舍生取义”，也都是认为仁义道德比身体生命都更重要。不要利，不是儒家的思想。孟子讲“何必曰利”，被许多人当作不要利的典型言语来批判。那是一种误解。孟子认为只要实行仁义了，就会有利于国家，不必说如何才有利。还有一个很有启发性的事实：当中国大陆批判孔子儒学的时候，经济受到严重破坏，到了崩溃的边缘；深受儒学影响而又不批判儒学的亚洲“四小龙”的经济却已腾飞。大陆后来不批孔子了，经济每年以9%的速度增长，出现了和平崛起的奇迹。这些现象，是否也值得反思呢？我们不认为儒学是中国经济发展的决定因素，却可以肯定，儒学并不妨碍中国的经济发展。

---

①　文见《论语·季氏》。孔子接着又说“均无贫”，原文似应为“不患贫而患不均”。《春秋繁露·度制》引孔子文，正是“不患贫而患不均”。贫指财物贫乏，均指分配均衡。反对贫富差别过大，符合儒家一贯主张。

2. 儒学妨碍科技进步吗

一些论著说儒家文化是农业文明，是黄色文化，是落后、封闭、保守的。他们天天吃粮食，天天骂农业文明，这不奇怪吗？说海洋文明是蓝色文化，是开放进步的。从航海业来看，中国在两千多年中，一直处于领先地位。秦代就有徐福带领数千男女渡海到日本，这是中国、韩国、日本三国正史都有明确记载的史实。汉代能够制造大楼船，高十余丈。人坐在船上，关闭窗户，船行而人没有感觉，说明船大而稳。福建泉州出土宋代文物——巨大的橹，证明那时在海上丝绸之路航行的船是巨大的。到了明朝，1405 年郑和第一次下西洋航海有船二百多艘，大船六十二艘，每船长四十四丈，宽十八丈。这是当时世界上最大的航海船队，郑和就是这个航海舰队的总指挥。当时，中国的造船业与航海业都是世界上最先进的。一百年以后，西方航海还达不到这个水平。2005 年是郑和第一次航海六百周年纪念。郑和第一次航海 87 年以后的公元 1492 年，欧洲人哥伦布才第一次航海。那是小规模的，三艘小船载着 87 人横渡大西洋。郑和第一次航海的人数(27800 人)比哥伦布第一次航海人数的三百倍还要多！如果说有蓝色文化，那么，中国在两千多年中一直是世界上蓝色文化的最先进、最杰出的代表！航海如此，其他更不必说了。英国科技史专家李约瑟博士说："中国的这些发明和发现往往远远超过同时代的欧洲，特别是在15世纪之前更是如此(关于这一点可以毫不费力地加以证明)。"(《中国科学技术史》第一卷)他还认为，15世纪以前，中国人的科技是为同时代的西方人所望尘莫及的。中国古代有许多科技成就，例如两千年前的秦代修筑了绵延万里的长城，隋代挖掘了从北京通州到浙江杭州两千多里的大运河，唐代富强名闻天下，长安简直成了东半球许多人向往的天堂。按这种说法，中国在15世纪以前，实际的科学水平超过同时代的欧洲。但是，欧洲在16世纪以后就诞生了近代科学，而中国文明却没有能够在亚洲产生出与此相似的近代科学，这是什么原因？李约瑟百思不得其解。这就是所谓"李约瑟难题"。

海内外学者在解释"李约瑟难题"时，提出了各种观点，有的说儒学影响了科技进步，因为儒家重视"道"轻视"技"，甚至说中国只有技术，没有科学，认为李约瑟误将技术当作科学；有的说中国只有经验，没有理论体系；有的说中国方块文字影响了科学的进步，因此只有废除了汉字，中国才有希望；有的说中国因为科举制度只考文科，不考理工科，妨碍了科技的发展等等。总之，中国所特有的东西都成了科学落后的原因，都成了罪过，都要彻底改变。

世界各国各民族在生活和生产实践中都有所发现或发明。在天文学上，西方有托勒密的地心说，中国有张衡的浑天说，发生在东西方2世纪的这两个学说有很多相似之处，他们又用不同的方式解释所观察到的现象。我们承认在西方天文学界占统治地位达一千多年的地心说是科学，也应该承认与地心说相似的浑天说也是科学。只要浑天说是科学的，就无法否定中国有传统的科学，中国曾经有自己特色的科学。

汉代论天三家中的“宣夜说”认为宇宙是无限的空间，气托着天体在其中自由浮动。李约瑟博士认为：“这种宇宙观的开明进步，同希腊的任何说法相比，的确都毫不逊色，亚里士多德和托勒密僵硬的同心水晶球概念，曾束缚欧洲天文学思想一千多年。中国这种在无限的空间中飘浮着稀疏的天体的看法，要比欧洲的水晶球概念先进得多。”(《中国科学技术史》第四卷)

“宣夜说”的先进是技术吗？不是。因为它根本就没有任何技术，这种宇宙观只有理论，只能是科学。欧洲科学史专家认为它比托勒密地心说“先进得多”，而中国有些人却说中国历史上从未有过科学，没有可以与托勒密《天文学大全》同日而语的科学著作。双方似乎都表现出高尚的“谦虚”，抑或还有别的什么原因？

近三四百年来，欧洲发展很快。一些欧洲人因此就以为“任何一种重要的发明或发现都绝对不可能在欧洲以外的任何地方诞生”。李约瑟先生对欧洲中心主义者提出了批评。在这种观念的束缚下，就不可能客观、公正地评论各国的科学发明，就不能正视历史事实。“在一部1950年出版的关于工艺史的著作中，作者则没有把一些明明是属于中国人的成就归功于中国人，例如，关于中国人最先认识到磁极性、发明火药以及最早制造铸铁等等，在这部著作中都只字不提。”(《中国科学技术中》第一卷)这显然是一种偏见。

欧洲人说哥伦布航海促进了世界近代科学的发展，不是没有道理的。从结果看，哥伦布航海促进了欧洲的发展，促进了世界科学的进步；从过程看，哥伦布航海帮助了欧洲强盗对美洲财富的掠夺，导致了欧洲殖民者对印第安人的残酷杀戮。现在有一种过程哲学，不知是否也应该研究这样一些让有理智、有良心的欧洲中心主义者忏悔的历史问题。

关于科学问题，在20世纪20年代有过科玄之争。至今，这类讨论还在继续。可以肯定的是，科学已经成为人类生活不可或缺的东西。但是，唯科学主义却是片面的，因为人类生活除了科学，还需要其他的非科学的东西。即便科学自身，也还有不尽如人意的地方。中国传统的科学思想与西方的科学思想有互补关系。中国重整体综合，西方重局部分析；中国有较多的辩证思维，西方有较多的定量研究；中国重实用价值，西方重理论体系；中国重继承维护，西方重革新发展；中医以活体功能为基础，西医以尸体解剖为基础；中医以草药为主，西医以化学药品为主。中西的科学思想各有长处，互相结合，更有利于科学的发展，也将是世界科学发展的新趋势。模糊数学、测不准原理、系统论、全息论，这些最新的科学进展都包含中国传统科学思想的某些成分，这就已经预示着今后世界科学发展的趋势。儒学产生以后，中国科学进步的大量事实，完全可以否定儒学妨碍科学发展的说法。

从孔子到现在有两千五百多年，按孟子的说法，五百年必有王者兴，五百年算一个阶段，那么，从孔子到现在可以划为五个阶段。如果用接力赛作比喻的话，那么，五百年算一棒，孔子到现在共有五棒。15 世纪以前，中国的科技都是领先于西方，最后五百年落后了。也就是说，前四棒中国人都是领先的，最后一棒落后了，没有取上名次。我们有什么理由将最后的落后归罪于前四棒？我们拿着最后一棒的人，是否有资格埋怨拿前四棒的古人，说落后是他们造成的？我认为：我们的祖先无愧于我们，倒是我们愧对祖先！我们应该发愤图强，振兴中华。

3. 儒学违背社会文明吗

15 世纪前后有许多西方人来中国，看到了很多新鲜的东西，写了不少游记，高度赞赏中国社会的文明进步，认为中国是文明的典范。几百年后，他们把中国当作落后的代表。这不值得深思吗？社会是复杂的，社会的发展是综合因素的结果。简单的思维方式，看不清楚社会发展的规律，也解释不了社会发展的内在原因。所谓祸福相倚，物极必反，所谓富不过三代，所谓气运更替，都是对社会某些现象的概括。这些说法被许多人认为是正确的，说明有一定的合理性。

儒学产生于两千多年前，是否过时了？儒学是儒家智慧长期发展的结晶，它在不断丰富、革新中流传下来。经过两千多年的实践检验，有很强的生命力。其中有许多内容是超时空的，到现代也还有普世意义。在中国社会主义革命与建设的实践中，将马克思主义理论与中国具体革命实践相结合，这个结合就是马克思主义与深受传统思想影响的工农群众相结合，也就是与中国传统思想相结合。其中主要是与儒学相结合。结合产生两方面的结果：一是使马克思主义中国化；一是使儒学现代化。战争年代提出的“三大纪律八项注意”，优待俘虏，建设时代提出的“和平共处五项原则”，“五保户”，特别是邓小平提出的小康社会，“一国两制”，都是儒学传统的体现。关于“一国两制”，需要多说几句。周代实行封建制，秦代实行郡县制，汉代同时实行封建制和郡县制，就是比较早的“一国两制”。戴逸教授说：“康雍乾盛世的制度创新意义重大。政治制度改革作用明显。这是封建专制发展得最完善的时期。雍正年间军机处的设立，加强了中央集权。母后、外戚、宦官、藩镇的专权在清朝康雍乾时期都没有。在处理民族问题上，清朝才是真正地巩固了疆域。清朝在中央设立理藩院管理民族事务，在少数民族地区，设立的行政机构又不一样，实行的是一国多制。比如在西藏设驻藏大臣，在新疆、东北设将军制，在西南地区改土司制为流官制，在蒙古设盟旗制，在维吾尔族地区设伯克制。这都是因地制宜，不把内地的一套全部用到少数民族地区。它们的形式与内容都不一样，但目的都是集中权力使得中央政治便于管理。汉、唐在西域设置的是军事机构都护府，而不是类似清朝的行政机构。”[①]国民党时期，故宫内保留一个封建小朝廷，宫墙内外也是两种截然不同的社会制度。中华人民共和国成立之初，西藏保留当时的农奴制，与全国各地实行的社会主义，也是两种社会制度并存的局面。1959年达赖叛乱，才取消农奴制度，大约两制，并存了近十年。邓小平解决的是香港回归问题。香港实行的是特殊的政权方式，在一百年前，清朝政府腐败，在当时帝国主义压迫下，屈辱地订下割地赔款的不平等条约，把香港交给英国人管理。现在要收回主权，就必须处理好与英国政府、香港人民的关系，从这种特殊情况出发研究出一套方案，邓小平提出“一国两制”，三方都能接受，不费一枪一弹，妥善处理了香港回归的难题。而且为国际提供了处理类似问题的成功经验。孔子提出“和而不同”的思想，为“一国两制”或“一国多制”提供了理论依据。“和而不同”强调独立自主，不当奴隶，不屈服于武力威胁，不称霸，尊重别人，和平共处，友好合作。现代社会动乱的根源是霸权主义与恐怖主义，“和而不同”的精神对于现代社会也还有意义。

从以上事实，我们可以看出，现代中国的马克思主义中已经包

---

① 洪波：《盛世的沉论——戴逸谈康雍乾历史》，载《中华读书报》2002年3月20日。

含中国传统思想。儒学是中国传统思想的主干与基础，因此，马克思主义中已经包含了儒学的内容。有些人思想受到“文革”中批孔的影响，到现在还认为孔子儒学是封建主义的东西，是与马克思主义绝对对立的。他们只记住马克思主义的一些具体结论，并且将之视为教条，不能理解马克思主义的立场、方法，不能领会马克思主义的精神实质。毛泽东思想与邓小平理论才真正是马克思主义与中国传统文化相结合的优秀成果。

4. 儒学是否过时了

过去的思想不一定都是过时的。如何判断一个思想体系是否过时了呢？就看这个思想体系在现代社会是否还有好作用，是否还有价值。儒学在当今世界上还有没有价值呢？请看以下事实：

(1)20 世纪 80 年代，美国出版的《名人年鉴手册》列出的世界十大思想家是孔子、柏拉图、亚里士多德、阿奎那、哥白尼、培根、牛顿、达尔文、伏尔泰、康德。东方只有一个孔子，其他都是西方的名人。十大思想家的第一位如果是过时的，那么后面九位是否也都是过时的呢？如果十大思想家都是过时的，那么还有哪个未过时的思想家呢？如果死去的人都过时了，那么我们还有必要讨论孔子思想是否过时吗？

(2)1988 年 1 月，全世界的诺贝尔奖获得者在法国巴黎开会时，有一位诺贝尔物理奖获奖者，科学家汉内斯·阿尔文博士(Dr. Hanes Aelven)在闭幕大会上说："如果人类要在 21 世纪生存下去，必须回到 25 个世纪以前，去吸取孔子的智慧。"[①]诺贝尔奖获得者是高智慧人群，不是弱智者。在这样重要的国际会议上提出这一口号，是很慎重的，不是随便说说而已。此话说出来后，被许多人所引用，可见是许多人的共识，不是某个人的偏见。发达国家的高智慧人群认为孔子儒学在现代以及未来世界都有很大的价值，我们有什么根据说孔子儒学已经过时呢？由此也可以预见，孔子儒学在 21 世纪将发挥更大的作用。

(3)1993 年 9 月，全世界宗教领袖在美国芝加哥召开宗教会议，会议通过《全球伦理宣言》。宣言中有这么一段话："这个原则是有数千年历史的宗教和伦理的传统所寻获并持守的：己所不欲，勿施于人！若由正面表达则是：己所欲，施于人！这个终极的、绝对的标准，适用于人生各个范畴，家庭和社会，种族、国家和宗教。"宗教是最难统一的，但是，他们对于孔子的"己所不欲，勿施于人"却都是认可的。而且在两千多年后的现代社会，还有那么多宗教领袖承认这一句话是"终极的、绝对的标准"，适用于所有人群。用一句话

① 吴德耀：《古今人对孔子的评价》，载《走向世界》1989 年第 5 期。

说，孔子这句话的精神是超越时空的，这一说法是普世伦理原则，不但适用于过去，也适用于未来，不但在中国有价值，在世界各种人群中也都有价值。这怎么能说过时了呢？

(4)孔子的生日是 9 月 28 日，被美国加州定为教师节。还有一些亚洲国家和地区也是以此作为教师节的。

(5)孔子的塑像矗立在美国和德国等国家，孔庙在日本和韩国也很受重视。日本有一所私立大学叫“立命馆大学”，这个名称来自孟子的话：“夭寿不贰，修身以俟之，所以立命也。”(《孟子·尽心上》)该大学总长(即校长)长田丰臣于 2001 年春立石碑，说明学校名称的由来。日本京都大学则是研究中国文化的重镇，所保存的中文典籍也十分丰富，在 20 世纪的一百年中，研究中国文化的大学者多已成为日本学术界的旗帜。其中文学部的小岛佑马教授被称为日本中国哲学史研究的开创者，他所培养的学生很多人成为各大学的学科主力，形成了中国学的京都学派。现在京都大学每年将附属图书馆的藏书拿出一部分进行展览和介绍。平成十四年，即 2002 年，10 月 30 日到 12 月 1 日展览会的名称就是《学びの世界——中国文化と日本》。这个副标题明确指出中国文化对日本的影响。篇幅不大的《京大学生新闻》小报上，也经常整版刊登关于中国传统思想的文章。2002 年 11 月 20 日这一天的报纸登的是《儒教篇》，讨论关于朱子学与阳明学的关系问题。这些文章对当代大学生自然要产生很大的影响。

(6)我们召开讨论儒学的学术会议，有来自韩国、日本、马来西亚、新加坡、瑞典、俄罗斯、柬埔寨等许多国家与地区的代表，说明儒学在世界各地正在发展。

(7)中国与五十多个国家合作创办了一百多所孔子学院。

(8)联合国设立孔子奖。

以上事实均发生在2006年年底之前。

这些现象不值得我们反思吗？如果儒学已经过时，没有价值了，世界各国包括西方发达国家，为什么会这样对待孔子儒学呢？

第十四课　当代儒学与中国政治

儒学是中国的老传统，是历史上几千年形成的、根深蒂固的传统。它对中国古代、近代、现代都有很深刻的影响。儒学对当代的影响也是明显的。但是，在 20 世纪，中国由于国力衰弱，受到西方列强的侵略，又由于思想文化的转换，传统的儒学也受到严厉批判。这就给人们一个印象：儒学一直受到批判，怎么会给政治以很大的影响呢？传统儒学是否就像一阵风那样，被西风吹掉了，或者压倒了呢？21 世纪这个新世纪是否就没有儒学的影响了呢？有问题就需要研究，要研究就必须从实际出发，根据事实来讨论理论问题，不能空对空，从概念到概念作纯理论的探讨和研究。

1. 儒学不是一阵风

两千多年前的儒学能够流传到现代，本身就是一个奇迹。孔子创立儒学的时代，儒家只是百家争鸣中的一家。由于孔子与弟子们的努力以及后学的弘扬，儒学的影响不断扩大，被称为“显学”(韩非语）。又由于社会的动荡，政治的斗争，思想的较量，儒家们的共同努力，儒学在汉代取得了独尊的地位。从此以后两千年的中国政治中，“独尊儒术”的思想局面没有过根本的改变。倡导独尊儒术的汉朝政权瓦解以后，三国两晋南北朝时期，虽然有反礼教的玄学显赫一时，又有佛教、道教盛行于世，作为指导政治的儒学在政治规范与行政活动中始终占统治地位。在朝廷的议论中，也多以儒学为理论根据，而玄学、佛教、道教都只能作为非正统的思想产生一定的影响。在四百年的乱世中，也没有以它们作为政治的指导思想。最信佛的梁武帝，在三次舍身同泰寺大讲佛经的时候，也没有忘记宣传儒家的经典，对于《论语》、《孝经》和“五经”也有较深的研究。其他的统治者就更不必说了。隋唐时代，虽然在思想界仍然是三教鼎立，而在政治活动中，都是按儒家理论进行的，例如，君臣关系，朝廷礼仪，法制建设都是以儒家思想为指导的。从来没有让道士或者和尚当皇帝，这些人最高的职位是国师，相当于后来的所谓顾问。宋以后，儒学的统治地位更加强了。以后的时代有一些特殊情况：即以儒学为传统的汉民族在军事上打了败仗，对儒学比较生疏的少数民族入主中原，按理说，似乎应该以少数民族的传统作为统治思想来教化汉民族，而实际情况却是统治者努力学习被统治者的文化即汉民族的儒学传统文化。这种现象在南北朝时期就已经有过，元朝时提倡朱熹新儒学即理学，清朝时更是不遗余力地提倡儒学。应该说儒学在清代的总结与发展有些方面是空前的。清代在统治者倡导下，编了《康熙字典》，又编了《四库全书》和中国历史上最大的类书

《古今图书集成》。对中国古代文化进行了清理与总结，从此产生了中国所特有的考据学。现在，曲阜孔庙中有一处碑林，是历代皇帝立的歌颂儒学的碑。其中两块大碑却是元代和清代立的，康熙所立的碑是最大的，重约60吨。汉族皇帝所立的碑都没有那么大。在两千多年的历史中，不断改朝换代，以至有二十四史，而儒学的统治地位没有变，儒家创始人孔子的圣人角色没有变。可见，儒学在中华民族的精神中是根深蒂固的，岂能像一阵风那样，受到一些人的反对便消失殆尽了？

儒学在中国流传了几千年，经久不衰。在广袤的土地上聚集了众多的人民，在这样的国度中，能够流传如此长久，绝不是什么偶然原因所能解释的。可谓根深叶茂！儒学还传到了国外，先从中国传到周边国家，再传到世界各地。东传日本，西传美国。在美国有华人街，立有孔子的像，还有的州以孔子的生日9月28日作为教师节的日子。美国有的杂志评选世界历史上十大思想家，孔子高居榜首。孔子儒学可谓影响深远。在中国历史上，虽然也有过反对孔子的思想与行为，如太平天国曾经侮辱过孔子，五四时代打倒过“孔家店”，“文化大革命”中批判过孔子儒学，但是，孔子依然是世界历史上的著名思想家，儒家的圣人。反对他的那些人却像一阵风，像过眼云烟，热闹了一阵子，就烟消云散，归于平静。今后再有什么风云变幻，也不会改变这种局势。杜甫有两句诗很深刻：“尔曹身与名俱灭，不废江河万古流。”以此说明儒学的社会价值，也许还比较合适。总之，儒学深深地扎根于中华民族，扎根于社会，不是一阵风。

2. 儒学就像一江水

长江发源于高山，流经中华大地，汇聚众流，逐渐壮大，形成浩浩荡荡的巨流汇入大海。儒学就像长江水，也是从小到大，形成影响巨大的思想流派，汇入世界思潮，成为世界精神的一个重要方面，大大丰富了世界精神宝库。20 世纪，世界发生了很大变化，欧洲的科技发达、文明进步，向儒学提出了重大挑战。世界政局也发生很大变化，资本主义潮流和共产主义潮流都风行天下。儒学在各种潮流冲击下也在不断地发挥自己的特殊作用。儒学产生于两千多年前的中华大地，产生以后，便具有相对的独立性，不再局限于那块大地、那个时代。东风再大，也改变不了长江东流水。向东流如果是前进的方向，那么，儒学也是在不断的前进之中。

长江水不仅在流淌着，而且还在滋润着广阔的中华大地，灌溉着数千里的沿江生灵。儒学就像长江那样，在数千年的历史中滋润着人口众多的中华民族，培养造就了千千万万的英雄人物，为世界文明创造了许多精神财富。20 世纪，中华大地上的政治发生剧变，推翻了数千年的帝制，抵抗了外来的侵略，重新振兴起来。在这瞬息万变的时代，儒学也在起着不可忽视的作用。孙中山提出的“三民主义”和毛泽东提出的“为人民服务”，都继承了中国儒学中的重民、民贵、民本和吏为民役的传统思想。康有为的《大同书》，孙中山的“天下为公”和共产主义思潮，也都与儒家的大同理想有一定的关系，或者说都有相通之处。中国人有传统的儒家大同理想，所以比较容易接受共产主义思想。孔子讲仁者爱人，提倡德治；孟子讲仁政，主张民贵君轻；董仲舒认为爱得越远越好，越远越伟大。毛泽东说白求恩同志“不远万里，来到中国”，支持中国人民的正义战争，表现了“毫不利己，专门利人”的高尚品德。他号召全国人民学习这位远方客人的崇高精神。这不也是崇尚仁爱思想的体现吗？

社会是连续的，思想也有连续性。过去有些人喜欢讲思想的中断。例如，唐代韩愈说孟子以后，儒学道统中断了，应该由近千年以后的他来继承。朱熹也说孟子以后，儒学道统中断了，应该由一千多年以后的他来继承。实际上儒学的传统从来没有中断过。如果真的中断了，后代的别人还怎么能继承？国民党时期，有些人认为推翻了帝制，再打倒孔家店，中华民族的传统一去不复返了，崭新的中华民国从此走向繁荣富强。现实的情况是，过不多久，就使很多原来满怀信心的热血青年大失所望。孙中山的“大总统”被袁世凯窃取，袁世凯又要恢复帝制。袁世凯在一片反对声中被气死，这本来是大好事。但是，好事多磨。国民党官员的腐败，又使人民深受其害，并不觉得没有皇帝会比有皇帝好多少。苦难何时才是尽头？中国封建思想在延续着。有人想当皇帝，有人想当没有皇帝名义的皇帝。这说明虽然封建制度被推翻了，作为具有独立性的思想观念还是存在的。鲁迅笔下的阿Q处于“顺境”时也做当皇帝的好梦。还有哪个中国人不想当皇帝呢？只是做不到就是了。这说明思想观念有独立性与延续性。同样道理，孔子儒家许多思想还留在人民的心中。

儒家有哪些思想留在人民的心中呢？儒家讲“三纲五常”，“三纲”的内容是君为臣纲、父为子纲、夫为妻纲。这些内容随着时代的变化逐渐失去存在的价值。君为臣纲，由于“君”通过选举产生，任期一届五年，取消了终身制，“君”与“臣”(公务员)的关系已经失去原来的意义。君为臣纲，已经不存在过去的那种意义。父为子纲，现在只生一个子女，子女到远离家庭的大城市去上学，甚至到国外去上学，读了学士，再读硕士，有的又读博士，到博士毕业，已经30岁左右，然后再到远离家乡的地方去工作。子女在事业上艰苦奋斗，要在激烈竞争中取胜，必须“只争朝夕”，非常珍惜时间，已经没有足够的时间陪自己的妻了，对于父母实在无暇照顾。过年过节打个电话问候一声就算不错了。父亲对于子女的行为，已经无法控制，所谓鞭长莫及。父为子纲，只剩下一句空话。夫与妻的关系，由于男女平等，婚姻自由，完全改变了过去那种“嫁鸡从鸡，嫁犬随犬”的依赖关系。已经不是“女为悦己者容”，而是“女为己悦者容”。夫为妻纲自然也不存在了。总之，三纲已经不适应现代社会了，已经被现实淘汰了。在民主的政治体制还不完善的时候，上下级关系还往往带有过去君臣关系的那种味道，还以上级“一把手”为“老板”。各级官员似乎都是向上级负责，并不是向人民负责，因为他们都是上级指定选拔的官员，并不是人民选举的。有的虽然有选举的形式，那只是程序，都是上级安排好的程序。有的地方出现这样的现象：候选人没有选上，选上的却不是候选人。这种现象最能说明上级安排与群众意愿严重不一致的问题。

“五常”的内容是仁、义、礼、智、信。仁者爱人，博爱之谓仁。仁，相当于西方的博爱。有了爱，就有了一切。爱心是一切伦理道德的基础。仁爱，过去需要，现在需要，将来也还需要。仁爱是人类生存的保证，是永恒的主题，不会有过时的时候。只有在暴政下，仁爱会受到冲击和破坏，但是，古今中外的任何暴君也无法取消人民心中的爱心。义者宜也。宜就是适宜的意思，就是合理的意思。什么样才是合理的，才是适宜的呢？这要随着时代的变化而变化。这是动态的概念，是发展变化的。不同时代、不同民族、不同地方、不同个体以及不同条件，都会有不同的义。义的内容是不断变化的，而坚持义的原则却是不变的。这里充满着辩证法的智慧之光。从这种意义上说，义也是永恒的。礼，指礼仪、礼节、礼貌等。实际上，这是人际关系的一个重要方面，是人际交往的形式与规范，只要有人类的地方，都是需要的。这也是因时间、地点、民族而不同的。中国古代朋友见面用鞠躬来表示敬意，而西方以握手、拥抱来表示敬意。现代中国人也学习西方的形式——握手，同时保留本民族的形式——鞠躬。以后也许还会产生变化，为了避免握手接触产生疾病传染，全世界都改为鞠躬。但是，礼还是要继续存在下去的。智，原来是指知道仁、义、礼，现在把它阐释为智慧、智力。通俗的说法，就是聪明。无论聪明还是智慧，对于人类来说都是无价之宝。我们现在的教育，特别是素质教育，智都是重要内容。社会的发展，从实质上说，就是人的智力的提高。人的体力却可能逐渐下降，虽然运动会的世界纪录不断被打破。长城上的砖头是很大的，现在的人如果用手搬都感到很困难。北京西直门城墙被拆除时，可以看到元、明、清三代的砖，元代的比明代的大，明代的比清代的大。真是一代不如一代。明、清两代的砖从故宫内的地砖都可以看到，都比现代的砖大一倍以上。这是由于社会的发展、科学的进步、技术的提高，发挥了智力的作用，体力的作用就越来越小。信，就是讲信用。也可以称为诚信、信誉等。在任何社会、任何国家、任何民族，讲信用，都是起码的道德。欺骗总不是所提倡的。古代儒家所提倡的五常，经过现代阐释，都是可以继承的，其基本精神都是可以用于现代社会的。这就是冯友兰先生的“抽象继承法”。

按“抽象继承法”，我们还可以继承祖先的很多精神财富。例如《周易》上说的“天行健，君子以自强不息。”“地势坤，君子以厚德载物。”前者说对自己要勉强，要高要求；后者说对别人要宽容，要谅解。这是处理自己与别人关系的非常重要的原则。又如，唐代儒家韩愈说“业精于勤荒于嬉，行成于思毁于随”(《进学解》)，提倡勤奋和思考，反对将事业当作儿戏，也反对随波逐流，无所作为。宋代王安石说：“夏之法至商而更之，商之法至周而更之，皆因世就民而为之节。”(《王文公文集·策问十道》)这是大改革家的改革理论。夏、商、周三代的法制都是不断改革的，这是孔子讲过的，没有人敢反对。王安石以此说明改革的必然性与必要性。改革的原则是“因世就民”，“因世”就是顺应社会的发展、时代的变化。“就民”就是迁就人民，按着人民的意愿，现在所谓“方便群众”。方便群众，就要改掉给群众造成麻烦的许多规章制度。但是，一些规章制度都是为了限制群众的，给群众增加麻烦的。王安石的改革理论可谓深刻。元代大儒吴澄说：“君子所重，唯言与动。占必可师，动必可式。”(《吴文正公集·警言动箴》)言论可以供别人学习，行为可以作别人的榜样。现在北京师范大学的校训是“学为人师，行为世范”，也是这个意思。明代大儒王阳明提出：“学贵得之心。求之于心而非也，虽言之出于孔子，不敢以为是也，而况其未及孔子者乎！求之于心而是也，虽其言之出于庸常，不敢以为非也，而况其出于孔子者乎！”(《阳明全书·传习录·答罗整庵少宰书》)是非要由自己审定，不应该只迷信权威。他又说：“言之而是，虽异于己，乃益于己也；言之而非，虽同于己，适损于己也。”(同上)自己不迷信权威，也不应该让别人迷信自己。有的人反对别人权威，却要树立自己的权威，并且强迫别人接受这种权威。这当然与理不通。西学东渐以后，人们的思路开阔了。清代学者就开始面向世界，如阮元就提出“会通中西之长，不主一偏之见”(《研经室三集·里算堂学记序》)，又说“融合中西，归于一是”(《畴人传》自序)。他们都以世界的目光来审视万事万物，认为东方与西方的思想文化都有自己的长处与短处，应该取长补短，加以融合，提高认识水平，不主张狭隘的民族主义。可以说这是一种开放的心态。总之，历朝历代都有很多儒家提出非常深刻的思想，只要我们能够结合自己的经验加以正确的理解和灵活的运用，一定会给我们的认识产生启迪，给我们的实践带来非常好的效果。

3. 儒学滋润政治神经

儒学对政治的影响，首先是通过对政治家、政治思想家，特别是对政治领袖的影响表现出来的。政治领袖是政治家和政治思想家的突出代表，是政治神经。儒学对他们的影响，就是滋润了政治神经。在20世纪，政治领袖主要有国民党的孙中山和共产党的毛泽东，他们都是最有影响的党派的缔造者，也都是成功大事业的创始人。20世纪的最后20年，最有影响的中国政治领袖是邓小平。我想通过这三位的典型事例，来讨论儒学对中国当代政治的深刻影响。

(1)孙中山。

孙中山早期受到正统的中国传统思想的教育，其中主要的是儒家思想的教育。同时他又受到西方思想的教育。他将二者结合起来，提出了自己的理论与政见。对于世界的看法，他将进化论与中国古代的演化说相结合。他提出进化有三个时期：一是物质的进化；二是物种的进化；三是人类的进化。他把宇宙的终极本原说成是太极。《周易》上讲“易有太极，是生两仪”，宋代的周敦颐讲无极而太极，太极动而生阳，静而生阴，然后化生出天地万物来。孙中山说太极动而生电子，电子凝而成元素，元素合而成物质，他认为生命的基础是“生元”即“生物元始之意”。又说：“孟子所谓良知良能者非他，即生元之知、生元之能而已。”(《孙中山选集》)生元就是细胞。

孙中山的“三民主义”是指民族、民权、民生。民权来自西方。中国自古没有规定过老百姓有什么权利。对于民生，中国三千年前就非常重视人民的生活与生命。西周时的周公曾提出：“天视自我民视，天听自我民听。”(《孟子·万章上》引《泰誓》语)这是将人民与最有权威性的上天联系在一起。有的统治者可能在上天即上帝面前非常虔诚，许诺做好事，而在人民面前又不是那么回事，甚至作威作福，欺压百姓。他们在人民面前是一副凶狠的面孔，对人民不断训斥，有时还欺骗人民。周公告诉他们，他们的举动与言行，上天都看到了，也都听到了。人民能够看到的，上天一样能看到，人民能够听到的，上天也同样能够听到。这使那些两面相的人暴露出虚假的面目。如果相信这种说法，那么就应该以对待上天的态度来对待人民，将人民视为上天。但是，中国古代统治者虽然也知道这种说法，也了解这个道理，并没有去做，因为外面的物欲有很大的引诱力。天下一时太平了，他们就以为天下就会这样永远太平下去，永远不会有什么问题了。像秦始皇那样，以为自己的子孙可以一直做皇帝到万世。出乎他的意料，传到二世，就发生了天下大乱，勉强拖到三世就完了。汉初学者总结秦速亡的教训时说："民无不为本"，"民者，万世之本也，不可欺。""自古至今，与民为仇者，有迟有速，而民必胜之。"(贾谊：《新书·大政上》)秦朝的兴亡是民本理论的最好注脚。柳宗元提出"吏为民役"的思想非常深刻，与现在所谓当官的是人民的"公仆"，意思是一样的。柳宗元认为国家从人民那里收来的赋税，作为俸禄发给官员，这是人民花钱雇官员来为自己主持公道，维护社会秩序，保证人民的安定生活。就像一个主人雇一个仆役来干活那样。他说，如果这个仆役拿你给的薪金，不给你干活，还要偷你家的财物，你一定很生气，要把他赶走或者用别的办法来惩罚他。现在当官的如果拿了人民给的俸禄，不为人民主持公道，还要贪污受贿，欺压百姓，人民会怎样呢？会不会赶他们下台呢？形势不同，道理却是一样的。想到这些，不是很可怕吗？他劝当官的人应当谨慎地为人民做一些好事，不做坏事，不管从道理上说，还是从良心上说，都应该真正为人民做一些好事。中国古代对于人民应该说是非常重视的，所谓"民为国本"，所谓"民为贵，君为轻"，所谓"民无不为本"，都是以民为本的意思。这是中国优秀的传统思想。孙中山"三民主义"中的"民生"，应该说就是中国传统中最优秀的内容。历代儒家都是以民为本的。儒家的这种思想也明显地影响了国民党的创始人孙中山先生。孙中山认为，"民生主义就是共产主义，就是社会主义。""实行社会主义之日，即我民幼有所教，老有所养，分业操作，各得其所。我中华民国之国家，一变为社会主义国家矣。予言至此，极抱乐观。"(《中山丛书》三)这里所讲的"幼有所教，老有所养"，正是《礼运篇》中的内容。在孙中山心目中，民生主义、社会主义与儒家的大同理想是大体一致的。所以他画一个大圈，写上三民主义；在中间再画一个小圈，写上社会主义。说三民主义包括社会主义。他题的"天下为公"，表达了他的理想。这个理想就是三民主义，就是社会主义，也是大同理想。因此可以说，孙中山的三民主义，吸收了儒家思想，社会主义思想，形成了自己的政治主张。孙中山将这一政治主张写入政治纲领，对中国现代政治起了很大作用。

关于知行问题，中国古代也有很多论述。首先是知行的关系问题。在《尚书》中有"知之非艰，行之惟艰"的说法。这是最古老的知行观，认为行比知更困难。当时讲的知行关系是从社会伦理方面来的。伦理问题，说起来好像很容易懂，做起来却不那么容易。例如，孝，大家都知道应该孝顺父母，如何孝顺，却是许多人不太清楚的事，即使知道了，要做起来也不容易。为什么说"久病床前无孝子"？就是说要长期坚持孝是不容易做到的。孙中山从科学的角度来看知行关系，认为知比行更难。只要是知道了的事，做也就容易了。如果不知，那就无行。如果知道了，行也就非常容易了。现代科学都是许多人共同积极进取才创造出来的结果。例如，电视机的创造走过了漫长的历程，做出来后，要使用它就非常容易，连几岁的小孩也会开关电视。其他如20世纪的各种电器都是这样，发明创造需要几代科学家的努力研究，制造和使用就相对容易得多。知道制造原理，是知；制造使用机器，是行。在科学问题上，很显然的事实是，知非常不容易，而行则比较容易。这就是知难行易说。过去有些论者以为孙中山的说法与前人的说法不一致，这里有是与非的问题。实际上，我们认为只是在不同的领域使用知与行这两个概念而产生的差异。到现在为止，在社会伦理道德领域，仍然是知易行难；在科学技术领域，照样是知难行易。仔细来分，科学是研究原理的，是最难的，科学无价，没有什么经济效益，却可能改变整个社会面貌；技术是运用原理于实际，相对容易一些，而经济效益却很高；所有消费者都是实行者、享受者。对于一个人来说，可能在某一方面是创造者、生产者、奉献者，在许多其他方面都是消费者和享受者。所谓“万物皆备于我”，一个人所需要的是整个社会的贡献。孙中山利用西方的科技来讲中国传统的知行观，也是一种创见。他融合中西，吸收了西方的一些思想来丰富发展儒学。

关于改革思想，儒家从孔子开始，就十分肯定改革的必要性与重要性。孔子认为社会的进步必须有文化的积累，必须有社会政治制度的改革与创新，继承与发展，必须不断完善各种制度，提高文明程度。孔子认为商朝对夏朝的制度有所“损益”即修改，周朝对商朝的制度又有一些“损益”，所以在三代中，最后一代的周朝制度最为文明，最为完善，因为它借鉴了前两代的经验教训。孔子说：“周监于二代，郁郁乎文哉！吾从周。”(《论语·八佾》)后代儒家有的积极主张改革，如宋代王安石，明代张居正，清代康有为；有的则比较倾向于保守，如宋代的司马光等。康有为的《孔子改制考》就是讲孔子改革思想的，当时产生了很大的影响。康有为上书光绪皇帝时，孙中山正是20多岁的热血青年，自然会受到康有为改革思想的影响。他也借鉴西方的政治制度和民主思想，来考虑中国社会改革的具体内容。儒学是历代儒家共同创造的，其中本来就有改革思想。在两千多年前，孔子是维护君权的，并非反对改革。他拥护君权，反对各诸侯国的分裂与纷争；他提倡恢复周礼，是对春秋末期的社会现实的批判，是改革现实的口号。而在两千多年后，当代受儒学影响的人完全可以提出取消君权的制度改革。如果不明白这一道理，也可能会产生一种误解，误以为孙中山的改革是反儒学的。

孙中山以后的国民党领袖人物蒋介石将台湾的草山改名"阳明山"，以表示自己对明代大儒家王阳明的推崇。

(2)毛泽东。

首先，毛泽东青少年时代熟读儒家的经典，有些还能背诵。毛泽东青年时代给朋友写信，经常引用儒家的话和思想讨论所关心的问题。例如，在1916年12月9日给黎锦熙的信中说："古称三达德，智、仁与勇并举。今之教育学者以为可配德智体之三言。"孔子讲过智、仁、勇，《中庸》称为"三达德"，毛泽东将其改为德、智、体，后来作为教育方针的重要内容即教育的目标。毛泽东在1957年2月27日作的《关于正确处理人民内部矛盾的问题》的重要报告中提出："我们的教育方针，应该使受教育者在德育、智育、体育几方面都得到发展，成为有社会主义觉悟的有文化的劳动者。"[1]他讲到卫生时，也举了孔子和孟子的说法。"昔者圣人之自卫其生也，鱼馁肉败不食，

① 《毛泽东文集》第7卷，226页，北京，人民出版社，1999。

《乡党》一篇载之详矣。孟子曰：知命者不立夫岩墙也。”他认为不重视保养身体，就是“食馁败而立岩墙也”，吃腐败的食品，站在危墙下面。还认为身体不是不可改变的，“至弱之人，可以进于至强”“心身可以并完”①。毛泽东晚年还爱读司马光的《资治通鉴》。司马光是北宋大儒。在《资治通鉴》中，贯穿着儒学思想。毛泽东在长期阅读《资治通鉴》中，深受儒家思想的影响。他在重要讲话、重要报告中经常引用《资治通鉴》中的说法，由于他的个人权威，使《资治通鉴》中的一些话成为社会上流行的说法。从《毛泽东选集》中，我们可以读到很多儒家的话，许多是肯定的语气。例如，毛泽东讲到要施“仁政”，要给出路的政策。这些小的例子不胜枚举。从大的方面来看，主要有作为指导性哲学著作引用儒家的观点或者儒家讨论的问题，在实施重要政策中贯穿儒家的思想原则，在政治斗争中渗透儒家的基本精神。

其次，《毛泽东选集》引用了儒家观点。毛泽东在《矛盾论》中讲矛盾，就是对立统一规律。在中国古代所谓“一阴一阳之谓道”，就是以阴阳讲对立统一规律。“一阴一阳之谓道”，这一句话就出自儒家经典《周易·系辞传》。《周易》经传都是儒家的重要典籍。

毛泽东在《实践论》中以知行观作为副标题，说明这个问题是继承了中国古代儒家经常讨论的知行观。清代颜元特别重视实践，自己称“习斋”。习，就是指实践。毛泽东继承了颜元重视实践的基本

① 《致黎锦熙信》，载《毛泽东早期文稿》，59～60页，长沙，湖南出版社，1990。

精神，在《实践论》中反复强调实践的重要性。认为实践是认识的前提，也是认识的目的，还是人类认识过程中不可缺少的一个环节。真知出于实践，知还要在实践中受到检验。

《矛盾论》与《实践论》两论在指导革命实践中起过很大的作用。毛泽东以后讲的“一分为二”，凡事都要两面看，既看正面，也看反面。在路线问题上，反左就要防右，反右就要防左。这些说起来似乎很简单，做起来却也相当复杂，要求对实际情况有全面深入的了解，要能够真正分析其中的问题和探讨解决的办法。仅仅这一点包含辩证法的理论，让广大群众在实践中运用，就产生明显的效果。运用时间长了，也熟练了，水平也提高了，其效果就更加明显。

毛泽东在讲学习时提出要学习中国历史，“从孔夫子到孙中山，我们应当给以总结，承继这一份珍贵的遗产。”①这是一个总的精神，即继承孔子以来的儒家传统思想。在《学习和时局》中，毛泽东说：“孟子说：‘心之官则思。’他对脑筋的作用下了正确的定义。”②这是肯定孟子的说法。毛泽东对晋绥日报编辑人员的谈话中提到“文武之道，一张一弛。”③这是《礼记·杂记下》中的话。文武，指周文王、周武王。一张一弛指紧张与松弛相结合。《礼记》也是儒家的论文集，是汉代戴圣编辑成的。对于《党委会的工作方法》，毛泽东在第四条中说“不懂得和不了解的东西要问下级，不要轻易表示赞成或反对。”

---

① 《毛泽东选集》第2卷，534页，北京，人民出版社，1991。
② 《毛泽东选集》第3卷，948页，北京，人民出版社，1991。
③ 《毛泽东选集》第4卷，1321页，北京，人民出版社，1991。

他说："我们切不可强不知以为知，要'不耻下问'，要善于倾听下面干部的意见。"[①]这里的"切不可强不知以为知"，是从孔子的"知之为知之，不知为不知，是知也"(《论语·为政》)中引申出来的。"不耻下问"也是引自《论语·公冶长》。这些都是毛泽东引用儒家经典的话来讲自己的道理，说明他所受儒学的影响之深之广。

总之，儒学影响了政治家的哲学思想，又通过政治家对广大干部和群众产生影响，对于政治活动和其他活动都起着指导的作用。

最后，儒学渗入具体政策之中。儒家最重要的思想是仁爱。孟子讲"仁者无敌"(《孟子·梁惠王上》)，仁义之师无敌于天下。在抗日战争中，毛泽东领导的八路军采取"优待俘虏"的政策，对于被俘虏的日军官兵都给予优待。这是马克思列宁主义的著作中所没有的，这是中国儒学传统中的仁爱思想的体现。

根据仁爱精神，在经济方面应该实行调均。汉代董仲舒提出的调均思想，要取有余而补不足。董仲舒认为太富太贫都不好，都不利于社会的安定，人民的幸福。他说："大富则骄，大贫则忧。忧则为盗，骄则为暴，此众人之情也。圣者则于众人之情，见乱之所从生，故其制人道而差上下也，使富者足以示贵而不至于骄，贫者足以养生而不至于忧，以此为度而调均之，是以财不匮而上下相安，故易治也。"(《春秋繁露·度制》)富者为暴，贫者为盗，都是不安定因素。进行适当调均，使富者不能为暴，使贫者不必为盗。天下就太平了。毛泽东在解放初期实行土地改革运动，把地主富农多余的

---

① 《毛泽东选集》第4卷，1441页，北京，人民出版社，1991。

土地拿出来分给没有土地或少地的贫农、下中农，把收入比较多的人的工资降下来，让没有职业的人得到就业的机会。在社会上真正做到了“均贫富”。

儒家典籍《礼记·礼运》载：在“大同”社会中，没有生活依靠的“矜寡孤独废疾者”都能得到供养。所谓最理想的社会，就是要使所有社会成员都能过上幸福美满的生活。没有生活依靠的人在任何社会中都是最不幸的人，他们都能过上幸福的生活，还有谁不幸福呢？这是儒家在两千多年前提出的理想，是历代儒家所追求的政治目标，但从来没有实现过。毛泽东主持制定的《一九五六年到一九六七年全国农业发展纲要》中规定：对农业合作社的社员实行“五保”制度。对于生活没有依靠的“矜寡孤独废疾者”实行“五保”：保吃、保穿、保烧（燃料）、保教（儿童和少年）、保葬。使这些最困难的“五保户”社员有了基本的生活保障。在城市市民中实行最低生活标准，人均月收入不到最低标准者，政府给予补贴。可以说这些做法都与传统儒学的大同理想相一致的。

(3)邓小平。

中国大一统观念由来已久，也最深入人心。西周时代就有“溥天之下，莫非王土；率土之滨，莫非王臣”(《诗经·小雅·谷风之什·北山》)的说法。汉代董仲舒利用《春秋公羊传》的“大一统”，大力发挥大一统观念，认为全国人民都要服从皇帝，皇帝要服从上天。整个社会是一个统一体，是一个有机的整体，各部分之间的关系协调好，才能正常发挥其功能。一旦破坏了整体，出现不协调，社会就不能正常运转，就发生动乱，给全体人民都可能带来严重的灾难。为了保护人民的安居乐业，为了社会的有序状态，维护社会秩序，就要管住“害群之马”，防止分裂与动乱。在中国历史上，为国家的统一做出贡献的人，就是民族英雄，即使事业未能成功，有这种精神并且做出了巨大的努力，也是人们推崇的对象。像南北朝时的祖逖，南宋的岳飞，都是这样的民族英雄。相反，破坏统一，搞分裂的人，出卖领土和主权的人，就是民族败类，就是汉奸卖国贼。如果当政者不能保护人民，反而损害人民，人民被逼得无法生活下去，那么，这时如果有人出来领导人民起义，推翻旧政权，建立新的政权，切实改善人民的生活条件，他不但不是民族败类，而且也是了不起的新时代的开创者，民族英雄。南宋大诗人陆游在弥留之际，留下名言：“死去元知万事空，但悲不见九州同。王师北定中原日，家祭无忘告乃翁。”一个爱国诗人在弥留之际，“死去元知万事空”，还惦记着“九州同”的祖国统一大业，相信以后总有一天会实现“九州同”的，告诫儿子到实现统一的那一天一定要将这个好消息在家祭的时候告诉他的在天之灵。大一统观念就是深入人心！爱国诗人就是这样关心祖国的统一大业！这也是现在海峡两岸全体中华儿女共同关心的大事业。

从毛泽东时代开始，都将统一祖国作为自己的历史使命。邓小平对于这个大业作了切实的安排，根据现实的实际情况，提出具体的方针与实施的步骤。这就是“一国两制”。既要避免用武力去解放，又不能放弃主权。“一国两制”就是最佳方案。

"一国两制"，也是中国的老传统。从理论上说，孔子主张的"和而不同"是这个传统的理论基础。"和而不同"，就是说不同性质的东西可以和平共处于一个统一体中。对于制度来说，可以在一个国家同时实行两种制度，在实践中进行比较，人们可以从实践的后果中比较双方的优劣，并进行选择。这也是两种制度的和平竞争。从事实上看，中国也曾经多次实行过各种不同的"一国两制"。在周代实行的是封建制，秦代实行的是郡县制，代秦而起的汉代应该实行什么制度？当时选择了"一国两制"，既有郡县制，也有封建制。全国实行郡县制，又给皇帝的亲属和开国功臣封了许多诸侯国。景帝时出现吴楚七国之乱，有乱国无叛郡，事实说明郡县制的优越性。但是，这个事情并不因此就可以下结论，因为可能还有许多偶然因素和具体情况。"两制"孰优孰劣，一时还难以断定。又经过几百年的讨论与实验，唐代柳宗元写出千古名篇《封建论》，以充分的事实和雄辩的理论，判定郡县制优于封建制。虽然郡县制是秦始皇创立的，也不影响它的先进性和更多的合理性。他是出于私心，而创立了大公的制度。从此以后，没有再讨论这个问题了，因为支持封建制者找不出理由与事实来反驳柳宗元的理论。在民国初期，新政府允许清朝末代皇帝溥仪在故宫里当小皇帝，维持帝制，而在故宫之外实行民主制。这实际上也是"一国两制"。1949 年新中国成立以后，西藏仍然维持农奴制。这也是"一国两制"。到 1959 年达赖叛乱，才改成社会主义制度。"两制"保持了近十年。

邓小平以现实的态度，从实际出发，保留香港的资本主义制度，得到英国政府的认可，得到香港人民的拥护，顺利实现了香港的回归。“和而不同”是处理人际关系、国际关系的比较好的方式。在国内就是“一国两制”。这个解决方式对于国际上同类问题提供了好的范例。邓小平为了解决香港回归问题，不是从马克思主义著作中寻找现成的解决问题的办法，而是从实际出发吸取传统的经验，来解决这个问题。这没有违背马克思主义，而是完全符合马克思主义原则，发展了马克思主义理论。超过马克思主义，才是真正的马克思主义。有一些马克思主义理论研究专家开始跟在苏联后面，把苏联的东西都当作马克思主义的东西，以为那是马克思主义的正宗。苏联的失败，又使一些人以为苏联的马克思主义理论家歪曲了马克思主义理论，大加批判。我认为苏联马克思主义理论家根据本国的情况灵活运用马克思主义理论，是无可指责的。错误在于中国人不顾自己的国情，照搬他们那一套，犯了教条主义。有些人又从这一教训中总结出应该从马克思主义原著中了解马克思主义。实际上，马克思主义原著是根据欧洲的情况写的，没有解决中国实际问题的现成答案。中国人读了马克思原著，如果脱离实际，把马克思的话当作教条，照搬乱套，照样会犯错误。如果不能领会精神实质，那么，无论什么思想也都会被歪曲，被乱用，在实践中遭到失败。像医生那样，不管病人患的是什么病，都开一样的药方，没有不犯错误的。所谓“庸医杀人”，正是指此，并非药有什么质量问题，问题在于用药不当。对症下药，就是实事求是。邓小平说，毛泽东思想的核心是实事求是，我们认为，邓小平理论的核心也是实事求是。实事求是符合辩证唯物主义原则，符合马克思主义理论的。实事求是也是中国优秀的思想传统，还是中国传统儒学的优秀遗产。

儒学产生于春秋战国时代，独尊于汉代，一直与中国的政治有着密切的联系。这是中国的传统，也是儒学的传统。直至近现代，儒学仍然与政治有着密切的联系。这种联系是良性循环，既促进儒学的发展，也有助于政治的成功。

1. 什么是现代化

儒学，是中国历代儒家共同创造的思想，这些思想是非常复杂的。儒学的含义有两种，一是原始儒家的说法；二是历代儒家共同的基本思想。

如何理解儒学现代化。工业现代化、农业现代化、科学技术现代化、国防现代化，都说的是使这些行业采用最新的科学技术和管理水平。这些都有比较具体的内容，也容易理解。在文化思想方面的现代化，就难以界定了。在科学技术方面，我们按欧美的模式作为现代化的标准，没有太大问题。如果文化思想和价值观都按欧美模式，那就有大问题了。例如美国，实力强大，对外国进行经济制裁或者武装侵略，在国内，从一场飓风水灾，可以看到美国抛弃国内的穷人。政府不能及时救助，致使一大批穷人死亡，还喜欢指责

别国的人权问题。自己的事
克驻军十四万，而自己国家
国际主义精神，这是霸权主
日发表文章说："'卡特里娜
端和矛盾。"我们国家的现代
美国不同，但也不能成为中
他们应该学习的。于是，
它不是西化、欧化、美化。

"现代"是时间的概念
就不同了，起了性质的变
两大"化"：一是空间上的
义中国化，就是说，马克
在有的用"本土化"这个词，
思想。马克思主义传到苏
化了。再传到中国，当然
联化的马克思主义运用于
传到韩国，就是中医的韩
中医，在日本叫作"和医"
传到中国，产生了中国佛
虽然佛教有其共性，但各
孝，中国佛教注重孝，但
方丈就出生在佛寺里，并

子继承。

思想在时
代化。儒家思
中央集权制度
家思想，经过
统治者的肯定
韩非认为："儒
也。夫离法者
养。"(《韩非子
不适当的。儒
后，得到统治
冲击、贬斥。
综合创新，形
多年中成为科
学也是儒学的
要现代化。有
看，时代化对
代化，是这个
界历史这样宏
限性。

什么叫用
就是标准。但是

第十五课　儒学现代化

1. 什么是现代化

儒学，是中国历代儒家共同创造的思想，这些思想是非常复杂的。儒学的含义有两种，一是原始儒家的说法；二是历代儒家共同的基本思想。

如何理解儒学现代化。工业现代化、农业现代化、科学技术现代化、国防现代化，都说的是使这些行业采用最新的科学技术和管理水平。这些都有比较具体的内容，也容易理解。在文化思想方面的现代化，就难以界定了。在科学技术方面，我们按欧美的模式作为现代化的标准，没有太大问题。如果文化思想和价值观都按欧美模式，那就有大问题了。例如美国，实力强大，对外国进行经济制裁或者武装侵略，在国内，从一场飓风水灾，可以看到美国抛弃国内的穷人。政府不能及时救助，致使一大批穷人死亡，还喜欢指责别国的人权问题。自己的事情做不好，还老想管别人的事，在伊拉克驻军十四万，而自己国家的灾民难民，却无人救助。这不是什么国际主义精神，这是霸权主义。法国《新观察家》周刊 2007 年 9 月 8 日发表文章说："'卡特里娜飓风'暴露了一个人人为自己的社会的弊端和矛盾。"我们国家的现代化不能处处以美国为标准模式。欧洲与美国不同，但也不能成为中国发展的模式。中国的和平崛起，倒是他们应该学习的。于是，关于现代化的问题，就有必要重新探讨。它不是西化、欧化、美化。

"现代"是时间的概念，就是现时代的意思。但是，加上"化"，就不同了，起了性质的变化。"化"，就是变化的意思。理论上说有两大"化"：一是空间上的"化"；一是时间上的"化"。例如马克思主义中国化，就是说，马克思主义变化成了中国用而成功的东西。现在有的用"本土化"这个词，就是说外来的思想变成本地用而成功的思想。马克思主义传到苏联，成了苏联的马克思主义，也就是苏联化了。再传到中国，当然需要中国化。有些教条主义者要坚持把苏联化的马克思主义运用于中国，失败是很自然的。中国的传统医学传到韩国，就是中医的韩化，再传到日本，就要日本化，日本化的中医，在日本叫作"和医"，即大和民族的医学。同样，佛教从印度传到中国，产生了中国佛教，中国佛教传到日本，变成了日本佛教。虽然佛教有其共性，但各国佛教又有自己的特色。印度佛教不注重孝，中国佛教注重孝，但不结婚，日本的佛教允许和尚结婚，有的方丈就出生在佛寺里，并在佛寺里结婚生儿育女，方丈还可以让儿子继承。

思想在时间上的传播也有“化”的特点。这个特点就是不断地现代化。儒家思想从先秦传到汉代，就被汉代儒者现代化了。汉代是中央集权制度，儒学要适应这种社会政治的需要，就要融合先秦各家思想，经过创造，形成新的思想体系，这叫与时俱进。儒学得到统治者的肯定，登上独尊的宝座，也是用而成功的一例。战国后期，韩非认为：“儒以文乱法，侠以武犯禁，而人主兼礼之，此所以乱也。夫离法者罪，而诸先生以文学取；犯禁者诛，而群侠以私剑养。”(《韩非子·五蠹》)说儒、侠(墨)违法乱禁，人主对他们礼敬是不适当的。儒学经过汉代新儒家的努力，汉代化即汉代的现代化后，得到统治者的推崇。侠不能与时俱进，坚持自己的信念，受到冲击、贬斥。隋唐时代，儒、释、道三教争立，到宋代，朱熹进行综合创新，形成新儒学符合统治者的需要，在封建社会后期的八百多年中成为科举考试的指导思想，具有意识形态的作用。宋代新儒学也是儒学的宋代化。同样道理，儒学在进入现代的 21 世纪，也要现代化。有的人将这种“现代化”叫做“时代化”。从历史长河来看，时代化对于那个时代的人来说，也都是现代化。我们所讲的现代化，是这个时代的时代化。后代人也只能称为时代化。不能在世界历史这样宏观角度考察问题的人容易有时代的局限性和地方的局限性。

什么叫用而成功？在工农业上，在科技与国防上，提高生产率就是标准。但是，在文化思想上，以何为标准？理论只要彻底，能

够说服群众，掌握群众，就能产生巨大的物质力量。马克思主义中国化后，产生了巨大的力量，战胜了日本军国主义，战胜了美国支持下的国民党。印度佛教在中国的广泛传播，就证明其已经中国化。中国佛教在日本的广泛传播，也证明中国佛教已经日本化。为什么说日本化的佛教是中国佛教，而不是印度佛教？看那些宗派就知道了。日本佛教的宗派基本上是中国的禅宗，有的则属于禅宗下的曹洞宗、临济宗等。日本京都最著名的金阁寺，原来叫鹿苑寺，就是临济宗相国寺派的禅寺。中国传统思想现代化，儒学现代化，早已在实行中。实际上，思想是否现代化，就看其是否说服了现代的群众。我们可以看到儒学在当今世界受到欢迎。

孔子儒学在教育、伦理、政治、文化诸方面对于当今世界还是有价值的。如果孔子儒学已经过时，没有价值了，那么，发达国家的人们，特别是诺贝尔奖获得者，怎么会讲出那样的话呢？

根据以上的各种界定，关于儒学现代化，可以理解为：将传统儒学变化成现代的新儒学，即可以用于现代获得成功的新形态的儒学，或者说，儒学在现实生活中得到群众认可。儒学的具体意义是在不断变化的，而基本精神则是超时空的。要将具体意义和基本精神分开，就需要阐释。经过阐释，才能进行继承。这种继承就是冯友兰说的抽象继承。

2. 儒学已经现代化

我们经常讲弘扬中国优秀传统文化，但一般不明确提儒学。20世纪近一百年批儒批孔，给人们留下深刻印象，至今还有不少人“谈儒色变”，一说孔子儒学，就是落后保守的代表，就是过时的历史垃圾。现在许多人在探讨儒学要不要现代化，能不能现代化以及如何现代化的问题。如果是落后保守的，就不要现代化，如果是“过时的历史垃圾”，就不能现代化。无论是不要还是不能，都没有必要探讨如何现代化的问题。我却有另一想法，我认为儒学要现代化，能现代化，而且已经现代化了。这是不好理解的说法，需要作一些必要的论证。

在革命时代政治实践中，中国共产党提出理论联系实际，提出马克思主义理论要与中国革命实践相结合。参加革命的绝大多数是工人农民，这些工人农民都深受中国传统文化的影响。马克思主义与这些工人农民相结合，实际上就是跟中国传统文化相结合。中国传统文化的核心是儒学，因此，马克思主义早就跟儒学结合了。表面上看，许多人用马克思主义批判儒学，实际上二者是在批判中结合的，俗话说“不打不相识”，当时叫作“批判继承”。没有不继承的批判，也没有不批判的继承。这是四十年前彭真说的非常深刻的一句话。如果分开来说，我们只说儒学现代化方面，可以看到这样的事实：毛泽东在抗日战争中提出优待俘虏，这是儒学中的仁爱思想的体现。“从群众中来，到群众中去”继承了中国传统的倾听群众意见的民本思想。周恩来倡导的“和平共处五项原则”是发扬了儒学中“和而不同”的精神，邓小平的“一国两制”更是中国传统的继承与发展。周代实行封建制，秦代改为郡县制，汉代两制并存，实际上就是最早的“一国两制”。特色在于马克思主义理论融进了儒学，才有了中国的特色。

与此同时，一批学者也在思想理论界努力做儒学现代化的工作。20世纪有一批学者长期接受儒学的教化，有比较深厚的儒学功底，然后学习西方文化，有的还到国外留学，有识之士开始将自己心灵深处的传统文化与新接受的异质文化进行比较分析，根据自己的理性、悟性，展开激烈的斗争。在斗争中融会贯通，综合创新，形成新的思想体系。有代表性的如梁漱溟的新儒学，冯友兰的新理学，熊十力的新唯识学，贺麟的新心学，张岱年的新唯物论，以及牟宗三、钱穆等人的新儒学。这些都是在吸取西方文化以后，丰富发展儒学的成果。联合国教科文组织在2005年9月28日首次成为孔子文化节的主办方，全球联合举行祭孔大典。联合国当然要做对国际有意义的事。孔子儒学的现代意义不言自明。孔子儒学已经让世界感到一种需要，这就是儒学现代化的表现。我们又如何能否定它的现代化呢？

3. 儒学需要继续现代化

现代化是一个过程，不是一锤子买卖。儒学已经现代化，也可以说还在现代化的过程中，现代化是需要长期继续进行的。对于儒学现代化，我们还要做哪些工作，这倒是应该好好研究的。

首先，要改变观念。关于辩证法，讲的是对立统一。过去战争年代，为了发动群众起来闹革命，强调矛盾对立的一面，认为斗争的结果是一方吃掉一方。结合现实来讲这些原理，有时非常难以论证。例如夫妻是一对矛盾，能不能共存，如何吃掉对方？现在时代变了，需要安定的环境，和谐的社会，需要强调另一面，强调矛盾统一的一面，这才能实现和谐，才有利于建设事业和祖国统一大业。当然我们不能忘记斗争的一面，因为在统一过程中还存在着斗争，有时也很激烈。但是主流应该是统一，是和谐。与此相关的是阶级斗争观念，阶级斗争原理规定一部分群众与另一部分人是阶级敌人，存在不可调和的矛盾。而现在就要将世界上所有的人看作人类的一分子，都是应该尊重的，只当他们犯罪的时候，才由政府按照法律给予处治。其他人都在西方“博爱”和东方“仁爱”范围之内。虽然社会上还存在许多不平等的现象，但是追求平等已经成为社会风气。美国轰炸阿富汗，进攻伊拉克，虐囚以及在灾难中抛弃本国穷人的做法，都受到世界舆论的批评。观念改变，最重要的是改变斗争哲学为和谐哲学。

其次，要研究实际问题。实际问题很多，先是个人的，再是国内的，最后是国际的，当然还有人与自然的。先是个人修养的问题，那就是儒家说过的“古之学者为己”，为己之学，为了提高自己的素质而学习。现在许多人是为别人学习，从心理上说是很被动的。因此有弄虚作假、投机取巧的现象，考试舞弊、论文抄袭，时有发生。有的将儒学当作知识来学习，不能转化为自己的思想。虽然也能说一套，却不能用，只是骗人的。首先改造自己，才能改造世界，只有先修身，才能齐家、治国、平天下。

国内贫富不均已经产生，现实存在着扩大的趋势。从历史上看，贫富两极分化，社会就不稳定。孔子说：“不患寡而患不均。”董仲舒认为“不均”，“有所积重，则有所空虚”(《春秋繁露·度制》)。一些人财富积累多了，另一些人就贫困了。圣人了解一般人的性情，知道乱是怎么产生的，所以就作出规定，使人有贵贱富贫的上下差别，“使富者足以示贵而不至于骄，贫者足以养生而不至于忧，以此为度而调均之，是以财不匮而上下相安，故易治也”(同上)。使富的人足以显示自己尊贵而又不至于骄奢，使穷的人足够生活而又不至于忧愁，根据这种原则来进行调均，这样就可以使财富不匮乏而上下可以相安，所以就容易治理。调均的思想应该是指导我们当前经济改革和制定法规的参考。

国际问题也需要研究。现在世界不太平，主要是霸权主义和恐怖主义，恐怖主义是霸权主义逼出来的。这是优胜劣汰观念的负面作用。为了协调国际关系，需要儒学的补充。“和而不同”，“己所不欲，勿施于人”，这里有反对霸权主义的内容，不欺侮别人，也不允许别人欺侮自己。我们强大的时候，像郑和下西洋的时候，明朝国家的实力可以将沿途国家变成中国的殖民地，却没有这么做，就是儒学的和平主义表现。后来中国落后，列强入侵，特别是抗战时期与日本军国主义的搏斗，充分体现了中国人不屈服的品格。如果世界各国都能接受儒学，那么，强者不称霸，弱者不服霸，天下就太平了。国际需要和而不同。欧洲有识之士寄厚望于中国的儒学，联合国教科文组织出面推动全球祭孔，全世界各国争相成立孔子学院，这些都不是偶然的事件。

当今世界存在什么问题呢？主要的问题就是不安定。从美国发生“9·11”灾难以后，世界各地恐怖事件此起彼伏，不断地发生惨案。分析世界形势，主要问题是贫富不均衡，关系不协调。以众暴寡，以强凌弱，以富欺贫，以智诈愚的现象不断发生。特别是超级大国的霸权主义，促使矛盾激化，引起恐怖事件。霸权国家又想以霸权实力消灭恐怖主义，其结果只能激起更多的恐怖事件发生。无异于火上浇油，只能使反抗之火燃烧得更旺。同时也会使自己众叛亲离，孤立无援，陷入困境。现在如何解决这些复杂的世界性的霸权主义与恐怖主义的问题呢？首先要探讨问题的原因。

董仲舒说："大富则骄，大贫则忧，忧则为盗，骄则为暴，此众人之情也。圣者则于众人之情，见乱之所从生，故其制人道而差上下也……今世弃其度制，而各从其欲，欲无所穷，而欲得自恣，其势无极，大人病不足于上，而小民羸瘠于下，则富者愈贪利而不肯为义，贫者日犯禁而不可得止，是世之所以难治也。"(《春秋繁露·度制》)这段文字的大意是：太富就骄横，太穷就忧愁，忧愁无法解决，只好当强盗；骄横就残暴。这是一般人的心态。圣人从群众的情绪，知道乱是怎么产生的，因此就制定人的等级差别，并用制度加以限制。现在社会抛弃各种限制，顺从自己的欲望，自由发展，欲望是无穷的，发展的趋势是没有极限的。这样一来，上头富人不满足，下头平民更穷困。富裕的人越贪利又越不肯施舍，贫贱的人每天违犯禁令又无法制止。这样，社会就很难治理了。董仲舒讲的调均就是防止贫富差别扩大，因为贫富差别扩大是社会不稳定的重要原因。

孔子说："君子和而不同，小人同而不和。"(《论语·子路》)和而不同这个原则，对于个人、团体、国家，都是适用的。我们中国现在说的永远不称霸，现在所提倡的"和平共处五项原则"，是和而不同思想的继承和发展。对于强者来说，要承认差别，要尊重别人的价值观，还应该保护并帮助弱者。对于弱者来说，要坚持自己的立场，不屈服于经济制裁和武力威胁，敢于坚持真理，敢于斗争。如果强者接受儒学教育，奉行"和而不同"，尊重别人，"己所不欲，勿施于人"，那么就会得到其他人的尊重和崇敬，就会自然成为大家拥护的中心。强者如果实行霸权主义，欺负弱者，那么弱者就要联合起来，共同反抗强暴，使强者不能为所欲为。在这样的情况下，才会有所谓的正义、平等、自由、博爱。如果强者以优胜劣汰观念对待弱者，认为弱者就是属于应该淘汰的对象，残暴的奴役弱者，如果弱者没有反抗精神，心甘情愿地挨打受辱，充当强者的奴隶，那么，这个社会就会成为强者的天堂，弱者的地狱。在这“弱肉强食”的社会，就不可能有什么正义、平等、自由、博爱。有，也是假的，是骗人的。在这种意义上，和而不同与正义、平等、自由、博爱是相通的。

4. 新儒家——以徐复观为例

徐复观，名秉常，字佛观，公元1904年生于湖北省浠水县徐场凤形湾，1982年卒于香港九龙美孚新村寓所。他早年曾在湖北省立第一师范学校上学，后到日本留学。回国后，他参加政治活动多年，40岁以后才逐渐走上学术之路。著书十余种，三百多万字，主要有《两汉思想史》三卷，《学术与政治(甲、乙集)》、《徐复观杂文》六集、《中国艺术精神》、《中国思想史论集》及续集、《石涛之一研究》等。

他的学生称《两汉思想史》为经典著作或他的代表作，可见此书之重要。

阅读徐先生的著作，我以为，他的学术有如下一些特点：

(1)虚实结合的中国思想史。

研究历史，通过大量可靠的史料，进行合乎逻辑的推理，考证出某些结论，解决史学界有疑点的史实。学术界认为这是实实在在的学问，也是史学研究的重要内容。研究哲学则不同，哲学家可以根据自己的体会或灵感，提出(或者说悟出)某种观点，然后利用古今中外的各种事例来进行论证，也可以从一个设想的基点出发，进行一系列复杂的推导来建立自己的某种哲学体系。这种学问主要在思想上，而不在史料上，因此被认为是抽象的、玄虚的。

用历史的方法研究经学，是“我注六经”，一章一句地进行详细解说，又称“章句之学”，清代学者又称考据学。这种学问产生于独尊儒术的汉代，所以又称“汉学”。用哲学的方法研究经学，观书不求甚解，只求大意，不需要了解每一句话的思想内容，只要了解全书的大概意思。自己有了一种想法，就从经书中寻找根据。宋代人称此为“六经注我”，又叫义理之学，或宋学。

要做考据学，必须多看书，勤收集，再加上客观的态度和实事求是的精神，才能考证出有价值的可靠的结果来。认真、严谨，是绝对需要的学风。

要研究义理，就需要多思。多思出智慧。好学深思，才能心知其意。要有丰富的经验和复杂的经历，经常反省自己，反思整个人类的文化，才能真正领会义理。或者说，这需要某种悟性，需要多思。否则，必将一事无成，陷于空疏。

以上两种方法各有利弊，前者太实、太死，容易局限于一木而不知森林，限于小学而不知大道。后者太虚、太活，容易飘于虚空之上而不食人间烟火，脱离现实，脱离大众。

20世纪50年代，我国讨论史论关系问题，实际上就是虚实关系问题。当时的主要倾向是史论结合，应该是正确的。从50年代末的“大跃进”，到六七十年代的“文化大革命”，虚论被过度地强调，学术界曾一度陷于不正常的状况。

徐复观先生不肯研究纯哲学，嫌它太空，也不愿意单纯考据，觉得那样太死板，因此，他选择了中国思想史作为自己的专攻方向。徐先生早年在湖北省立第一师范学校上学，曾受到黄侃等国学大师的严格训练，在中国文史哲方面打下了极其坚实的基础，使他有可能在需要的时候，进行实实在在的考据。他留学日本时，深受河上肇的影响，通过日译西方著作，学习了西方的政治、经济、法律、文化。中西文化的结合，形成了高居其上的新的思维方式。新的思维方式使他在研究中国思想史中颇多创见，化腐朽为神奇。一般的资料，在新的思维方式下，立刻焕发出万丈光芒。儒家的礼教被许多人认为是吃人的礼教，道家的道论被称为唯心主义的哲学。在徐先生的眼里，儒家的礼教成为道德主体，道家的道论成为艺术主体，而反观西方文化，则是政治主体和知性主体。东西本来讲的是不同的问题，怎么可以用西方的政治主体和知性主体来评价道德主体和艺术主体呢？

清朝乾嘉考据风盛行以后，学者每考证出一本书是伪书，就成为学术界名人。阎若璩考出古文《尚书》是伪书，名闻天下。于是，许多学者纷纷仿效，把所有古代典籍都搬出来，一本一本地加以考证，一本一本地划入伪书。似乎考据出一本伪书，就是获得一项重大学术成果，而且特别喜欢对公认的、权威的、经典的古书开刀。乾嘉以后，直至古史辨派，否定古书甚多，姚际恒、黄云眉等人进行过整理，汇总、加工，经史子集，考出 91 种伪书。姚氏著《古今伪书考》，黄氏著《古今伪书考补证》，对姚氏所考只是作了进一步的否定，从未对其中任何一种有翻案的意向。这是在疑古风盛行的情况下的一种“左”的思潮。他们往往从一本古籍中找出一两个词，就据以判为伪书。甚至只因《汉书·艺文志》或《隋书·经籍志》没有著录，便判为伪书。书散天下，即使皇家图书馆，岂能一本不遗？另外，书名常有变动，例如，汉代司马迁著书，世称“太史公书”，并无《史记》之名。岂可因《汉书》没有《史记》这个书名，就说《史记》是后人编的伪书。《汉书》录“董仲舒百二十三篇”，由于没有《春秋繁露》这个书名，就被认为是伪书，至今还有一些学者对此书有怀疑，不敢深信，或者怀疑某些篇是后人加的。

疑古、考据，有些方法是可取的，胡适称之为科学方法。也做出过一些成绩，对于整理古籍大有益处，确实考出一些伪书。但是，由于疑古太甚，考伪扩大化，对于中国传统文化有一定的破坏作用，特别是给缺乏历史观念、对中国文化持怀疑态度的某些洋人授之以口实。当代新儒家要弘扬中国传统文化，自然要跟疑古派的破坏文化的行为作斗争，由于一些新儒家只能呼吁，不能在考据方面与疑古派对抗。徐复观先生在黄侃指导下，受到严格训练，有考据功底，对疑古派来说，是一颗克星。在《两汉思想史》中，考据和分析都有独到之处，因此这部著作被称为他的代表作，被学生视为经典。哲学理论太虚，历史考据太实，徐复观挑选哲学与历史结合的不虚不实的思想史作为自己专攻的对象，果然取得了像《两汉思想史》那样的丰硕成果。《中国艺术精神》也是美学理论与历史考据相结合的成果。

(2)庄子的道与艺术精神。

徐复观于1965年8月18日写完《中国艺术精神·自叙》，标明他对于中国艺术思想的开创性研究取得了划时代的重大成果。翟志成说："徐先生在治思想史上筚路蓝缕之功，是继承，也是发展；是守故，也是创新。他的《中国艺术精神》和《两汉思想史》，已成为任何有志治中国思想史的人必读的经典。"(《无惭尺布裹头归——徐复观最后日记代序》)这两本被称为"经典"的书，当然是徐复观先生的代表作。徐先生翻阅了一些西方文学、艺术方面的理论书籍，也阅读和抄录了关于中国文艺理论方面的著作，如《美术丛书》及其他画史、画论、诗文集、画册之类。光中国画册(集)就有三十种以上，其中《故宫名画三百种》则是难得的一种。经过七年的研究，"发现庄子之所谓道，落实于人生之上，乃是崇高的艺术精神"(《中国艺术精神·自叙》)。

儒道两家都是为人生而艺术的。孔子以音乐艺术为人生修养之资，并作为人格完成的境界。道家中，老、庄都以“道”为最高概念，最高的哲学范畴，都要通过“体道”，使自己的精神与道合为一体，形成道的人生观，抱着道的生活态度，以安顿现实的生活。老庄也有不同。老子的道通过思辨展开，从宇宙到人生，建立一个哲学体系。而庄子则通过功夫在现实人生中加以体认。从庄子的体认“道”，可以发现老、庄的所谓道，实际上是一种崇高的艺术精神。徐先生认为庄子修养的功夫所到达的人生境界，“乃是一个伟大艺术家的修养功夫”，“所达到的人生境界，本无心于艺术，却不期然而然地会归于今日之所谓艺术精神上。”(《中国艺术精神》)

以《庄子·养生主》上的庖丁解牛为例。庖丁为文惠君解牛，技术十分熟练，动作还有节奏感，文惠君欣赏庖丁的高超技术。庖丁放下刀说：“臣之所好者道也，进乎技矣。始臣之解牛之时，所见无非全牛者。三年之后，未尝见全牛也。方今之时，臣以神遇而不以目视。官知止而神欲行。依乎天理……动刀甚微，霍然已解，如土委地，提刀而立，为之四顾，为之踌躇满志，善刀而藏之。”

首先，这里有道与技的关系问题。道比技高出一个层次，又与技密切关联。庖丁在技中见道。纯技术只有实用效果，而道却是“无用的长物”。庖丁解牛，不但解了牛，而且得到了解牛的艺术性享受，他“提刀而立，为之四顾，为之踌躇满志”。这种艺术性享受，就是庖丁所谓“所好者道也”的具体内容。庖丁所讲的自己解牛的过程，“乃庖丁说明他何以能由技而进乎道的功夫过程，实际是由技术进乎艺术创造的过程”(《中国艺术精神》)。在这个故事中，庖丁“未尝见全牛”，他与牛的对立消解了，心与物的对立消解了。他“以神遇而不以目视，官知止而神欲行”，他的手与心的距离消解了，技术对心的制约解除了。于是，庖丁解牛成为没有约束的精神游戏。徐先生认为：“他的精神由此而得到了由技术的解放而得的自由感与充实感。这正是庄子把道落实于精神之上的逍遥游的一个实例。”(同上)

庄子把道看作人生、宇宙的根源。并赋予“无”、“一”、“玄”等的性格。近代美学，探索到底时，也有人在人生宇宙根源处寻找美何以能成立的根据。例如，薛林(1775—1854 年)的《艺术哲学》，是想在宇宙论的存在论上，设定美与艺术。他把存在的差别归于展相。展相有三：一是“实在地形成的冲动”；二是“观念地内面化的冲动”；三是无差别地将世界万有归入于“一”、归入于“绝对者”的展相。第三展相正是美和艺术的基础。左尔格(1780—1819 年)以为“理念是由艺术家的悟性持向特殊之中，理念由此而成为现在的东西。此时的理念，即成为‘无’。当理念推移向‘无’的瞬间，正是艺术的真正根据之所在。”徐先生引了以上两人的话以后说：“西方若干思想家，在穷究美得以成立的历程和根源时，常出现了约略与庄子在某一部分相似相合之点，则庄子之所谓道，其本质是艺术性的，可由此而得到强有力的旁证。”(同上)

徐先生说：“由庄子所说的学道的功夫，与一个艺术家在创作中所用的功夫的相同，以证明学道的内容，与一个艺术家所达到的精神状态，全无二致。”(同上)学道的功夫，他举了两例：一是女偊教卜梁倚学道，三日“外天下”，七日“外物”，九日“外生”，以后才豁然见独。外，就是忘掉。这是“学道日损”的具体说明。一是梓庆削木为锯，“齐三日，而不敢怀庆赏爵禄；齐五日，不敢怀非誉巧拙；齐七日，辄然忘吾有四枝(肢)形体也。”然后动手做，“以天合天”(《庄子·达生》)。斋戒就是学道的过程，也是逐渐忘掉事物，最后忘掉自己的形体。庄子所追求的道，与一个艺术家所呈现出的最高艺术精神，在本质上是完全相同的。“所不同的是：艺术家由此而成就艺术的作；则庄子则由此而成就艺术的人生。”(《中国艺术精神》)庄子所期望的真人只是人生自身的艺术化罢了。费夏(1807—1887年)认为观念愈高，便含的美愈多。“观念的最高形式是人格。所以最高的艺术，是以最高的人格为对象的东西。费夏所说，在庄子身上正得到了实际的证明。”(同上)

李普斯(1851—1914年)认为“美的感情”是对于“自由的快感”。海德格尔(1889—1976年)以为“心境愈是自由，愈能得到美的享受。”柯亨(1842—1918年)认为艺术是在科学、道德二者之上，艺术领域的意识方向，是指向自由活动、发挥其自发性。卡西勒(1974—1945年)认为艺术“是给我们以用其他方法所不能达到的内面的自由”。黑格尔(1770—1831年)认为美或艺术希求主体的自由，并认为人类精神世界的最高阶段为“绝对精神王国。艺术乃在此王国中保有其位置。”徐复观认为在祈求自由解放方面，庄子与以上列举的西方思想家是一致的。黑格尔所谓“绝对精神王国”正是庄子所说的“道”。庄子哲学所追求的正是“精神自由的王国”(同上)。

对于自由，庄子有逍遥游。达尔文、斯宾塞、席勒都认为游戏是人的特性，是艺术的起源。游戏升华，就是精神状态得到自由解放。康德在《判断力批判》中认为，美的判断，不是认识判断，是趣味判断。趣味判断的特性，乃是“纯粹无关心的满足”。所谓无关心，主要是既不指向于实用，同时也无益于认识的意思。这正是庄子“游”的精神状态。庄子讲的无用和对自由的要求，都是庄子所说的道，也是现在所谓艺术精神。庄子所讲的无己、无功、无名、心斋、坐忘、丧我，都是追求精神的自由，都是艺术精神。

总之，“老庄思想当下所成就的人生，实际是艺术的人生；而中国的纯艺术精神，实际系由此一思想系统所导出。”(《中国艺术精神》)特别是绘画，则是庄学的“独生子”(《中国艺术精神·自叙》)。

徐复观深入研究庄子讲的学道、体道及成道的境界与现代、近代西方思想家所讨论的美与艺术的情况颇多近似或相同，从而认定庄子的道正是中国的艺术精神。这对研究中国艺术精神具有开创性的作用。许多人讲美学、论艺术，都是推崇西方某些美学家，似乎中国根本就没有美学，也就没有艺术家。徐先生的研究认为，近现代西方学者论美学，与中国两千年前的庄子所谓道，可以相当。不能说中国不高明吧！

无为就是自然。古代诗人把自然视为美的最高境界。李白的“清水出芙蓉，天然去雕饰”，苏轼的“自然宝贵出天姿，不待金盘荐华屋”，都是以自然为美的。庄子讲的是立身处世的精神境界，正与最崇高的艺术精神境界相一致，因此，庄子的精神被后代诗人、画家所推崇，所实行。

(3)与政治保持距离的学术。

徐复观先生早年从事政治活动多年，民国二十四年即公元1935年，徐先生31岁，在浙江沪杭甬军事指挥部任上校参谋；1944年，40岁，任国民党军委高参；1946年复员；1949年到台湾。1960年，雷震请胡适与徐复观组织反对党，后来，雷震被监禁十年。徐复观虽然没有答应此事，但也说明他并非不问政治的学者。在蒋介石七十寿诞时，徐氏写了《我所了解的蒋总统》，刊在《自由中国》上，印了11版，颇有影响。他由于政治原因而被迫退休，在台湾失业，只好到香港，寓居九龙，以卖文为生。

从徐复观自己在《忆往事》中的说法，也说明他并非不关心政治的为学术而学术的纯粹学者。他说："我所处的时代，也压迫我的良心不能不写些政论性的文章。"这个良心就是政治良心，这些政论性文章正是针对现实政治的。他说："有的杂文，却是在拿起笔时，忘记了自己身家吉凶祸福的情形之下写出来的。"这并非危言耸听。他的杂文，抨击政界要人是很激烈的，也是投枪和匕首，危险性比鲁迅时代的更大些。

徐复观在读古书时也常对古人反对权贵的行为产生同感。他在《忆往事》中说：

> 《后汉书·张纲传》载：顺帝选派八名使者考察地方，张纲在其中，七名各赴地区巡察，"而纲独埋其车轮于洛阳都亭，曰：豺狼当道，安问狐狸。"遂放弃考察工作，上书条刻当时以

外戚专政的梁冀的罪恶。我每想到此一故事，总涌起一番不知其所以然的感激之情。

梁冀以外戚专政，权倾朝野，顺之者昌，逆之者亡。而张纲不顾自己身家吉凶祸福，奋笔疾书，揭露梁冀的罪恶。徐复观对此特别有情绪，“每想到此一故事，总涌起一番不知其所以然地感激之情”。“不知其所以然”，就说明极其深刻、自然。他又说：“今日若还有人认定‘我是真理’，必然是天下最坏的人。”这就是当代的“梁冀”或比梁冀地位更高的人。“我是真理”岂是一般人所能想的，显然有所指。跟自认“我是真理”的人作对，总不会有好日子过的。正如徐先生的学生翟志成所说：“徐复观先生则在洋奴们和土奴们的逼迫侮辱之下，被勒令强迫退休于东海大学，以至生计无着，衣食不周，赖卖文以糊口，终其一生，饱尝明枪冷箭，几至体无完肤，最后竟在困苦寂寞中含恨以殁。”(《徐复观最后日记》代序)他们还把徐先生比作明末清初的吕留良，用吕留良的诗句“无惭尺布裹头归”作为徐先生最后日记的书名。

吕留良(1629—1683年)，浙江崇德县人。清代崇德，民国时改为石门县，今属桐乡县崇德镇。吕留良字庄生，又名光纶，号晚村，曾与张履祥等议论程朱理学，以评选时文，倡导朱熹学说著称于世。他的祖父、父亲都是明代官宦，明亡后，不仕清，以行医为业，郡守以隐逸荐，不就。其著述多鼓吹民族思想。晚年乃削发为僧，取名耐可，字不昧，号何求老人。死后四十余年，由于牵涉曾静文字狱，全家遭祸，于雍正十年(1733年)，被剖棺戮尸，被斥为“名教中之罪魁”。著述被毁。吕留良的诗是：

> 谁教失足下渔矶，心迹年年处处违。
> 雅集图中衣帽改，党人碑里姓名非。
> 苟全始识谈何易，饿死今知事最微。
> 醒便行吟埋亦可，无惭尺布裹头归。

翟志成引了这首诗后，说：“三百年后，浠水徐复观先生读到晚村先生的诗，尤其是读到‘无惭尺布裹头归’这句，引起了无限的感动以及经久不息的共鸣。”很显然，徐复观与吕留良在身世遭际方面有相通之处，思想也可相通，因此有同感、生共鸣。相同之处就在于学术不是纯学术，而是关心国家人民、关心民族文化、关心政治的学术。

徐复观如此关心政治，学术与政治联系如此密切，为什么却反复提倡学术必须与政治保持一定的距离呢？

原来，我们对“距离”有不同的理解，才有这种误会。徐复观自称：“在民国二十九年(1940年)以前，我的思想，受马、恩的影响比较大，到了民国二十九年以后，我虽然放弃了马、恩的一套，但对民主政治并无了解，并无信心。到了民国三十八年(1949年)，我才由‘中的政治路线’摸到民主政治上面，成为我后半生政治思想的立足点。”(《忆往事》)徐先生1937年在日本读了很多日译西方政治经济文化名著，其中也有马克思、恩格斯的著作，兴趣颇大，深受影响。后来，由于共产党内部矛盾的揭露，错误路线的破坏，再加上国民党的宣传，他开始动摇，动摇于国、共两党之间，虽然身任国民党上校参谋、少将参谋，从思想意识上，仍然走的是“中的政治路线”。1949年，国民党败退台湾，国民党上上下下都在思考失败的原因，总结教训。上下各方互相埋怨是很自然的事。蒋介石认为党风不正，脱离人民，所以到台湾后，承认过去“已彻底失败”，今后要从新造党，“彻底改正作风与领导方式，以改造革命风气”，清除那些不合格者。同时也从共产党那里吸取一些成功的经验。例如共产党土地改革，把地主的多余土地分给无地农民的做法很得农民拥护。国民党在台湾也搞土地改革。在总结教训时，蒋介石认为问题在下面，需要整顿，才能“统一意志，集中力量”(《蒋经国自述》)，夺取革命的胜利。而一些学者总结教训，他们不约而同地有一个新趋向，即是“认定只有民主政治，才可以解决中国的问题”(《忆往事》)。上面要统一集中，下面要民主自由。徐复观赴台后办了《民主政治》杂志，并发表文章，宣传民主政治，抨击专制政治。后来，这些文章汇集成《学术与政治间(甲、乙)集》。

政治家与思想家的关系很复杂。政治家讲利害，思想家讲是非。当政治家取得成功时，他们希望思想家给予肯定，歌功颂德，而思想家却在那里讨论是非功过，甚至说三道四，指指点点。政治家对待思想家有两种态度：一是镇压；一是请教。历史上都有这类实例。刘邦胜利后，陆贾常常提倡《诗》、《书》，受到刘邦的训斥。陆贾据理力争，晓以兴亡大义，刘邦悔悟，让他总结秦亡汉兴的根本教训，陆贾为此写了《新语》一书，为汉代建国守成提供了一种思想指导。另外，东汉末年的“党锢”之祸和明末“东林党事件”，都是政治家镇压思想家的重大事件，结局都是自毁江山。关于南宋亡国的原因，有的说是思想家专注心性修养，清谈误国；有的则认为是当政者不采纳思想家的各种建议，一意孤行，终至败亡。朱熹虽然也当过官，“仕于外者仅九考，立朝才四十日”(《宋史·朱熹传》)。他当官都在外地考察，在朝廷只有40天。他在朝廷总要提意见，提建议，妨碍皇帝和高官们享受荣华富贵，因此，就被派到外地去考察。那时交通不便，一去就要好几个月，不是乘马坐轿，就是坐船驾舟。一路劳顿辛苦，回到京都，不得休息，又要出差。他即使有高明的治国方略，也无法施展。南宋亡国，朱熹等人责任甚微。那些养尊处优的高官们贪婪享受，吃尽国脉，玩完政权，再把责任全推给没有决策权的一些学者。不太公道吧！

徐复观先生与蒋介石可能也有这样的矛盾。蒋介石认为失败教训是缺乏统一意志，纠正的办法是强调意志统一，就是要加强集中专制，加强各方面的控制。徐复观认为失败的教训在于专制，独断专行，纠正的方法是推广民主政治，让民众发表各种意见。徐复观是关心政治的，是学术紧密联系政治的。他所说的保持距离是指不要紧跟政治，做政治的附庸，为政策作论证，而是要保持学术研究的独立性。

徐先生认为学术与政治应是平等关系。学术是政治的朋友和导师，能给政治提出可供参考的意见或建议，能指导政治做出正确的决策。这样，学术与政治才是正常的关系，相得益彰。如果学术充当政治的附庸，那么，学术失去独立研究的条件，而政治失去高明的朋友，失去决策的重要参考。从这种意义上说，徐先生主张学术要保持独立性，与政治要保持一定的距离，这种观点显然是正确的。这被古今中外大量事实所证明。但是，古今中外也都有一些学者紧跟政治，情况比较复杂。例如，在秦汉建立中央集权以后，生死荣辱系于皇帝一人。为了保住尊贵，避免祸患，多数学者投皇帝所好，充当御用文人。少数人有独立性，敢想敢说，尊崇事实和理性。东汉王充就是这么一个学者，由于他的《论衡》中有歌颂汉朝的《须颂》、《宣汉》、《恢国》等篇，徐复观对他极为不满，认为像他这样歌颂朝廷的学者在中国历史上是极为少见的。王充就是把学术与政治靠得太近的典型。而多数学者则认为王充的突出特点是有独立思想，有特立精神。因此，徐复观对王充的颂汉的批评，表达了他的与政治保持距离的学术观点。

徐先生提倡民主政治，自然是可贵的。他在一切学术活动中都贯彻这一思想。但是，民主政治是十分复杂的问题，需要冷静地进行分析和评价。

(4)民主政治。

翟志成对徐先生的民主政治作了简要的概括。他说："徐先生终身为民主而奋斗。民主——在徐先生看来——不是一种夸夸其谈的空理论，不是观念上的游戏，也不是标语和口号，民主其实是一种生活方式，是一套亟须'知行合一'的身体力行。都在行为上显出强烈的独裁性格。这是中国最大的不幸。正因如此，徐先生一面肯定他们的民主思想，一面又严厉地批判他们以真理化身自居，以救世主自命，绝对不能听取不同意见，不能容忍异端，以及在受批评后狂暴非理性的过当反应。徐先生特别批判了胡适和殷海光。他不客气地指出：胡适对中国文化的践踏和糟蹋，殷海光对中国文化热爱者的谩骂和污蔑，其实都是他们反民主的独裁性格自觉或不自觉的大暴露。由这种人领导的民主运动，不会有什么前途，因为即使他们成功，也只不过是取代了老独裁者的权位，让自己成为新的独裁者，而民主政治，依旧还是可望而不可即的水中之月、镜中之花。”(《徐复观最后日记》代序)

在研究王充思想时，徐复观批评王充歌颂汉代的专制制度，在《两汉思想史》中也经常提到他深恶痛绝的专制政治。但是，我想如果用历史主义观点来看，在中国两千年前的汉代是不可能实行民主政治的，全世界在两千年前也没有民主政治的影子，那么，我们自然也不能要求当时的汉武帝这类的“天子”实行根本不可能存在的民主政治。从历史上分久必合的趋势来看，春秋战国分久了，必然有秦汉时代的合的趋势。秦汉时代建立统一集中的中央集权专制制度，是符合历史发展规律的，也是有进步意义的。对一种社会制度或一个体系进行评价，首先必须把它放在当时的历史背景下加以考察，这样才能比较公平。按现代的要求，对古代出现的现象作抽象的评论，就难以公平。关于汉朝的专制政治以及王充对汉朝的歌颂，都应历史地评论，才比较公平。徐先生以自己的激愤苛求古人，显然有失公平。

关于蒋介石国民党败逃台湾的问题，世人会有各种评论，后人还会从不同的角度进行研究、评论。当时一些学者认为问题症结在于专制政治，似乎实行民主政治，就可以立于不败之地。实际上，在第二次世界大战中，各种政治势力都强调“统一意志，集中力量”，希特勒、斯大林、毛泽东、蒋介石都毫无例外地强调集中统一。毛泽东认为中国作为大国受到小国日本的侵略，就是由于中国是一盘散沙，要打败日本，就必须团结起来，集中统一，步调一致，才能取得胜利。结果就这样打败了日本军国主义。同样是集中统一，有胜有负。所以，当时的胜负的原因需要研究，集中统一是胜利者所必备的，并非失败的根本原因。可见，一些学者到台湾后，认为失败的原因就在于专制政治，取胜之道在于民主政治，恐怕也只不过是书生空议论。当民主与科学成为共识之后，人们很容易拿它作为抨击别人的武器。正如徐复观所领悟的，许多民主斗士在文化讨论中表现出来也是很独裁的，未必比老独裁逊色。

至于胡适和殷海光，徐复观在他们辞世以后，都有深切的纪念文章，回顾他们之间的不寻常的关系。

胡适逝世以后，徐复观写了《一个伟大书生的悲剧——哀悼胡适之先生》。胡适 20 多岁已负盛名，最后又死于“中央研究院”院长的位上，也算死得其所。从这一方面讲，胡适是这一时代中最幸运的书生。徐先生又说：“但是从某一方面说，他依然是一个悲剧性的书生。”为什么说胡适是悲剧性的书生呢？以前，胡适热烈真诚地追求自由民主，但他到台湾当了“中央研究院”院长以后，愿意又应当讲的话，他一句不讲，愿意又应当做的事，他却一样不能做。如果他做了或者把真话说了，那么，他那表面的热闹也不能维持了。“他之所以依然是一个悲剧性的伟大书生，原因正在于此。”由此引申出：“在真正的自由民主未实现以前，所有的书生都是悲剧的命运。”没有当官的书生是悲剧的命运，当了官的书生不能讲真话，也是悲剧的命运。徐先生认为只有实现了真正的自由民主，书生即知识分子才能摆脱悲剧。徐先生的这一番感慨，说明他对自由民主的追求，并寄予厚望。

殷海光逝世后，徐先生写了《痛悼吾敌，痛悼吾友》。在学术讨论上，殷海光是徐的论敌，在爱国方面，他们是朋友。徐、殷曾在二十年中经常打笔墨官司，有时对立到了敌视的程度。他们称之为“骂战”。到1967年，他俩见两次面，都发现他们“两败俱伤”，“真是最大的愚蠢”，然后大家决定“休兵”，希望在文化上进行合作。只过了两年时间，殷海光就因胃癌去世。徐复观得到噩耗，曾绕室彷徨，自言自语：“今后的生活更寂寞了，更没有一个可以谈天的人了。”以后，徐先生写了痛悼文章，又写了《对殷海光先生的忆念》文章，还收录了殷海光《病中语录》，这语录是殷海光的学生陈鼓应记录整理的。这些文章都收在《徐复观杂文·忆往事》中。

从徐复观对胡适与殷海光的评论中可以看出，胡适先是鼓吹民主政治，后任“中央研究院”院长，服从蒋介石领导，不再讲先前讲过的民主政治，失去青年，失去朋友，表面的热闹掩盖着内心的苦闷与落寞，成为悲剧性的书生。殷海光虽然与徐复观长期骂战，但他始终坚持自己的民主政治的主张，徐先生仍然把殷海光引为同道朋友，把他的死视为“学术界的真正损失”，还是徐复观自己“生命的一大创伤”。

徐复观到台湾后一直反对专制政治，就是提倡民主政治。徐复观以民主和专制作为评判标准，评论中国思想史，评论两汉思想史，有失偏颇。在两千年前的汉代，从董仲舒那里找不到民主，就是在欧洲，两千年前也没有民主，到了中世纪，也仍然是宗教统治的黑暗时代，看不到民主的曙光。徐复观对王充歌颂汉代十分反感，也是脱离时代背景的、凭自己反专制的情绪的笼统批评。从现代史来看，蒋介石削平军阀割据时，使用专制政治，恐怕也有一定的必要性。而孙中山讲民主，把辛辛苦苦争来的权力轻易交给了袁世凯，并没有因此实现民主政治，反而导致恢复帝制、扼杀民主，上演了一场惨痛的历史悲剧。在两极“冷战”时代，第二次世界大战的硝烟没有散尽，美国与苏联正在进行军备竞赛，中国大陆正在深挖洞，广积粮，积极准备解放台湾，蒋介石退守小岛以后，也日夜准备反攻大陆。在这种剑拔弩张的形势下，蒋介石加强各方面的控制，不可能实施民主政治。政治家从政治斗争需要出发制定政治制度、方针和政策。思想家从社会发展的需要出发提出进步的理论和理想。二者之间的矛盾是比较普遍存在的。中国古代，孔子与鲁公，孟子与梁惠王，董仲舒与汉武帝，朱熹与宋朝皇帝，都有这种矛盾。政治家代表当时，思想家代表未来。司马迁在《史记·孔子世家》中说：古代许多帝王将相，“当世则荣，没则已焉”，而孔子只是一个布衣，传十几代以后，还有很大影响，上自天子，下至平民百姓，讨论经书的事，都以孔子说的话作为正确的标准。司马迁因此称孔子为“至圣”。在封建时代，思想家的领袖人物为圣人，政治家的领袖人物为帝王，前者意义在未来，后者权势在当代。在当代，蒋介石权势比徐复观高得多，而在21世纪，徐复观作为新儒家的大师，影响也许远远超过蒋介石。

(5)中华民族的情结。

徐复观对于祖国，对于中华民族，对于中华民族的传统文化，情有独钟。

徐先生在日本留学时，发生日本军队入侵中国东北的“九·一八”事件，他反抗日本侵略行为，回国了。回国后，他经常想到国家的问题，“我当时认为不论怎样，国家必须统一”(《徐复观杂文·忆往事·军队与学校》)。反对侵略，反对分裂，是徐先生青年时代的爱国表现，也是他心中已经植下中华民族这个根的表现。在后来的几十年奔波生涯中，他从来没有断过这个情结。他旅居香港，还经常关心大陆的形势，经常向从大陆到香港的人了解大陆的情况，流露出对大陆知识分子在“文化大革命”中受到不公平待遇的同情，对台湾和大陆的政治都有评论，有时梦见蒋介石，有时讨论毛泽东。

徐先生曾经谈到对待大陆的态度问题，他说：“我们谈大陆问题，不应抱幸灾乐祸，或不屑不洁之心，而应以‘吉凶与民同患’的精神来为国家前途探索。我们追求真相，追求病源，把它恳笃地说出来，这也是在无可奈何中对国家尽一分责任。至于中共怎样对待这种责任，倒可置之度外。”(《无惭尺布裹头归》111页注)他又说：“作为中国的一个知识分子，把自由民主的问题，能放在一旁，甘心不闻不问，而只以与世无争的态度来讲自己的学问。"(《忆往事》)他认为，这种知识分子缺乏"起码的理性良心"，这种学问是一钱不值的"伪学"。他的理性良心就在民主政治，他的学问就在国家前途，他的处世态度就是与民同哀乐。

杜甫有"读书破万卷，下笔如有神"，徐先生认为，"下笔如有神"，并非由于"读书破万卷"。他把杜甫《自京赴奉先县咏怀五百字》中的"穷年忧黎元"移来换上，他认为这样才"更合事实"，因为"'穷年忧黎元'是创作的动机"(《无惭尺布裹头归》)，而"读书破万卷"只是养成了表现的能力。他到晚年，迫切盼望回到故乡。他在1980年10月28日的日记中写道：

> 我们精神上最大的挫折，在于我们没有可归的故乡，因而没有真正的家。由此而可了解中国"狐死正丘首"，"木落归根"的深切意。孔子是"东西南北之人"，依然是死在他的故乡，所以他死前的精神，应当是安定的。(同上)

徐先生参加了国民党，在国共对立的情况下，无法回到大陆，又与国民党的蒋介石作抗争，也不能回到台湾，海峡两岸都去不了，只好旅居香港，因此慨叹"没有可归的故乡"。他说孔子虽然奔波天下，最后还能死在家乡，而自己却不能，孔子死前的精神是安定的，而自己的精神不能安定，这是精神上的最大挫折。心底深处掩埋着中华民族的情结。他如果能活到现在，可以亲眼看到香港回归中国，亲身经历百年雪耻的盛典，甚至可以回到湖北老家走一走，看一看故乡的变化，那将是多么的幸福！